テゼ共同体と出会って

――闇の中に、消えぬ火かがやく――

上垣　勝　著

サンパウロ

推薦のことば

P・T・フォーサイスはその名著『祈りの精神』において、「最大の罪は祈りなきことである」と述べている。これを逆に言えば、「最大の恩寵は祈りのあることである」ということになる。まことに「祈る」ということは聖霊の促しによって祈らしめられているのであり、すでに神との生きた交わりに入れられているが故に、まさに最大の恵みであるという他ない。「祈る」という営みは何よりも神を信じているという事実の証しである。それ故、涙とともに「主よ」との呼びかけの一語の後、万感胸に迫りて、言葉なき事態にある時、その時こそ量り難い神のあわれみに包まれている瞬間なのである。

本書は「祈り」とは何であるかを問うとともに、その「祈り」への促しを迫る書である。それは著者自身が「祈り」によって変えられ、「祈り」によって生かされ、「祈り」を伝える人になったからである。その経過の中に「テゼ共同体」という「祈り」の群れとの出会いがあったのである。

著者はかつてある企業に勤めていたが、私の牧会する教会において二十五歳で召命を受けた。だが伝道者養成を旨とするT大学に在学中、大学紛争をめぐって大きなつまずきを経験し、大学院進学を断念したが、K・バルトの訳者井上良雄先生の導きで牧会に入った痛恨の歴史を持っている故に、「テゼ共同体」との出会いにおいて、「ここに本物がある」（八ページ）とひきつけられるままにテゼとの深い交わりに導かれ、六十二歳にして教会を辞し、妻とともにイギリスに渡って交流を深め、帰国後もひんぱんにフランスのテゼを訪ねてさらに深く学ぶことになったのである。

その交わりと学びの中で、特に深く感化を受けたのは、この共同体の創始者、ブラザー・ロジェの人格において「受肉」した福音であり、その「祈り」であった。「祈り」における真実を追求してやまなかった著者にとって、それは人間として、牧会者としての再出発の契機をもたらすものであった。

本書は五章からなる構成になっている。第一章と第二章においてテゼに学ぶ祈りが記され、「テゼ共同体」の成立と今日までの経過と、著者自身の共同体との出会いの流れが述べられ、そこで学んだ「祈り」の生活とその神学が記述される。第三章は「追想のブラザー・ロジェ」として、具体的なロジェとの出会いと彼の壮絶な死の出来事までが語られ、第四章は「小さなテゼの集い」として、実際に著者の教会を会場としてなされたテゼの集会の経過が語られている。第五章は「テゼのスケッチ」として、きわめて詳細にテゼ共同体への行き方について、航空路線から電車の乗り換えまでが示され、共同体での具体的な生活の仕方まで描かれている。まさに「テゼ共同体」への招待そのものである。各節の間に挿入される共同体の歌も味わい深いものがある。

本書が多くの方々に「祈り」への手引きとして読まれることを期待している。

二〇二〇年七月十八日

青山学院大学名誉教授　関田　寛雄

はじめに

（一）テゼ共同体とは

フランス中部の片田舎に、ヨーロッパだけでなく、世界の隅々から、毎年二十万人近い若いバックパッカーが訪れるテゼ（Taizé）と呼ばれる不思議な村があります。低い丘に身を寄せて建つ十戸ほどの寒村で、この地方に見かけるはちみつ色の石造りの農家は、中世からの長い歴史を刻んでいます。

この村に、一九四〇年八月、隣国スイスから自転車で来た二十五歳の青年が始めたテゼ共同体（テゼ・コミュニティ）があり、若者たちはここで一週間を過ごすために来るのです。彼らは六〇年代から増え始め、七〇年代に急増し、ベルリンの壁崩壊後は東ヨーロッパからも激増しました。今では、子連れの人たちや中年から退職前後の人たちも訪れますし、アジアからもたくさんの青年たちが訪れ、日本人もちらほら見かけるようになりました。

何代も続くスイス改革派（プロテスタント）の牧師であったブラザー・ロジェ（Brother Roger 1915～2005）が、戦時中に始めたこの共同体は(1)、初めは彼一人でしたが、国も言葉も民族も肌色も教派も異なる人たちの共同体になり、カトリックの人たちもブラザーに加わり、今では、カトリックやプロテスタント諸教派を越えた、百数十人のブラザーたちの、多様性の一致を生きる全世界的な共同体になりました。

どうしてキリスト教は幾つもの教派に分裂したままなのか。同じ神を信じつつ、なぜ信頼し和解できないのか。教会が互いの違いを越えて一つになり、平和を目ざせば、戦争は減少するのではないか。そして現在では、悪化する気候変動、環境改善にも良い影響を与えないか。また貧富の格差の是正も——、こういう願いをもって、テゼは、恐れや不信や憎しみで対立する世界に、和解と信頼を創り出そうと労しています。

テゼ共同体が次々と編み出す歌を用いた祈り（礼拝）は、シンプルで、天使たちの炎のように美しく、スピリチュアルな上に現代的。キリスト教の精神が品《ひん》よく刻まれ、若者の心をなぜかひきつけるのです。しかも、歌の深部から通奏低音のように伝統の音色も聞こえてきます。

初めて訪れた者も、ここではしばらく忘れていた子ども時代の笑いが戻り、旧知の友のように心を開いた交わりが、国籍を越えて生まれます。

和解と信頼と書きましたが、理想を語りあう場所ではありません。すべての国はその市民がどういう自覚を抱くかで未来が左右されますが、テゼが行ってきたのは、草の根の民衆レベルで平和と信頼の基盤を醸成すること。特に、次代を担う十代〜三十代の若者らが、互いの恐れや不信や憎しみを越えて、信頼を産み出せるようにと働いてきました。例えば、ブラザー・ロジェの一九八九年のシャルルマーニュ賞受賞は東西ヨーロッパの緊張緩和に大きく貢献したからであり、一九九二年のロバート・シューマン賞受賞は、EU形成にテゼが果たした役割が大きかったことを雄弁に物語っています。

しかも今や、東西ヨーロッパだけでなく、アフリカや南北アメリカ、インドやアジアでも、平和と信頼をつくり出す集いや働きを進めています。また早期から、ブラザーたちは貧しい労働者の間や見捨てられたスラムに住み込み、ムスリムの極貧の障害児や大人たちと生活したり、南北の軍事境界線近くに住み込んで和解のために働き、祈っています。

テゼの寒村は、なだらかな丘がどこまでも波打って続き、時がゆっくり流れるフランス中部の農村地帯。芳醇なワインで有名なブルゴーニュにあります。この地方は味わい深いワインとともに、古い魅力的なシャトー（貴族の館）が点在することでも有名です。またテゼ村から七キロほどの所に、中世の修道院改革運動の中心となって活躍したクリュニー修道院跡があります。

（二）テゼとの出会い

もし一九七〇年代にテゼ共同体に出会わなければ、私はとっくに牧師の仕事に力尽き、早々と燃えつき症候群になって消え去っていたでしょう。

青年時代によき師とよき教会に恵まれて信仰に導かれ、大学紛争があって排斥されたにもかかわらずなんとか初心を貫いて牧師になり、イエスと真実を求める思いは常に変わらずあったものの、心の奥には大学紛争から続く一部のキリスト教界への嫌気が払拭されず、それだけでなく、自分自身の姿にも嫌気があり、解決できないニヒルな魂の問題を抱えて悶々としていました。

しかし、やがてテゼ共同体との出会いは、これらの挫折感や嫌気を吹き飛ばす力をもって私の前に登場しました。初めてテゼを知ったのは榎本保郎牧師のヨーロッパとテゼ訪問記から。森野善右衛門牧師のテゼ訪問記からも爽やかな風が吹いて来ました。

テゼに最もひかれたのは、パリ大学から始まり、次々と全世界に広まった大学紛争。テゼ共同体にもその波が打ち寄せていたにもかかわらず、ブラザー・ロジェたちが、青年たちの真理契機を持った鋭い問いに対し、少しもごまかさず真摯に受けとめ、彼らの考えや働きを共同体の中に生かしていった点でした。(2) 福音は、青年らの鋭い問いかけを受けとめ、真実で、それを超えていることが証しされていたのです。これは日本の教会にも、大学や社会にもない質的に新しい在り方で、「ここに本物がある」とひきつけられました。ここには、人間の顔をした本物の人間、またキリスト教徒が実在していたのです。日本にだけ目を向けるのでなく、海外に、とりあえずはテゼ共同体に目を向けようとし、当時月刊であった「テゼからの手紙」をフランスから取り寄せて、貪るように読み始めました。

さらに、初めての海外旅行でテゼに一人旅をし、本文に記したような、ロジェとブラザーたちの、詩情あふれる夕べの食事への招待も経験して、少しずつテゼを知っていきました。後には、テゼについて学ぶために、十六年間仕えた福井の教会と幼稚園を辞し、六十二歳にしてイギリスに渡り、妻と一年間さびた語学を磨きながら、妻も一緒にテゼをできるだけ多く訪ねました。ロジェが亡くなる数か月前には、教育哲学を専攻し、長く幼児教育の分野で働いてきた彼女は、ロジェから頭に手を置いて日本社会と教会のために祈ってもらいました。詳細は省きますが、恐らく彼女の最大の思い出の一つになっていることでしょう。

この書では、板橋で開いてきたテゼの歌を使った祈りの集いや、その歌を用いた個人の祈りの生活を日々続ける中で学んだことや、共同体の創始者ブラザー・ロジェのことを中心にブログに書いてきたものをまとめました。どの章からお読みくださっても結構ですが、三章からは彼のなまの声が聞こえてきそうです。ますます世界の若者らに広がる近年のテゼの動きや、現在の院長ブラザー・アロイスについては、別の機会に書くことができればうれしく思います。

二〇二〇年一月

上垣　勝

（1）Brother Roger. 2000 The source of Taizé P.78　J.L.Gonzalez Balado. 1980 *The story of Taizé* ff.62.
（2）F.Roger Prior of Taizé.1973 Festival…. ff.15　J.L. Gonzalez Balado *The story of Taizé* ff.62.

目　次

Songs from Taizé 129

あたらしい歌　主に向かって　アレルヤ　アレルヤ
地よ　声たかく　主に向かって　アレルヤ　アレルヤ
Can-ta-te Do-mi-no can-ti-cum no-vum.
Al-le-lu-ja, al-le-lu-ja.
Can-ta-te Do-mi-no om-nis ter-ra.
Al-le-lu-ja, al-le-lu-ja.

一章　つぶやきすら聞かれる

Songs from Taizé 150（注）あとがき参照

（来たりたもう）　天は喜べ　地は踊れ

主は来たりたもう　来たりたもう　来たりたもう

(De-us ve-nit.)

Lae-ten-tur coe-li, ex-ul-tet ter—ra,

a fa-ci-e Do-mi-ni, qui-a ve-ni, qui-a ve-ni.

一　テゼの霊性

テゼのブラザー・ロジェ（一九一五〜二〇〇五）は、祈りについて次のように書いています。(1)

「個人的な祈りは、いつも、素朴で飾るところがありません。祈りに多くの言葉が必要だとお思いですか。いいえ、そうではありません。たった数語だけのこともあり、ぎこちない場合も多くあります。でも、それは、私たちの恐れや望みをすべて委ねるのに十分です。

私たちが聖霊に自分を委ねると、心配から信頼へと至る道を発見します。

祈りの中で、自分は決して一人ぼっちではないと知ることができます。聖霊は私たちの内におられて神との交わりをお支えくださるのです。しかも一時的でなく、終わることのない命に至るまで。

そうです。聖霊は私たちの内に火を灯してくださる。その火がいかに弱々しく見えようと、私たちの魂の中に、神への強い願望を目覚めさせてくださいます。神に対するこの単純な願望はすでに祈りです。

祈りは、この世への関心を私たちから取り去ることはありません。反対に、祈りほど責任的なものはありません。私たちがとても単純に生きれば生きるほど、そして祈りがとても慎ましくなればなるほど、私たちはもっと人を愛するようになり、生活を通して愛をあらわすようになります。」

祈りの核心がとらえられ、温かさがあふれています。本書、『テゼ共同体と出会って』を書くにあたって、初めに、テゼ共同体の創始者、ブラザー・ロジェが長く抱いていた祈りの形を紹介しました。

祈り以上に素朴で個人的なものはありませんが、同時に祈りほど責任的なものはなく、社会的であり、愛の生活を具体的に生むものはないことを改めて理解させられます。ロジェは「人類家族」という地球規模の視点をもって生きました。これらがテゼの霊性です。しかも彼は、実際に生きていないどんな言葉も文字にしなかった人と言われ、言葉に責任を持って生きたのです。(2)

彼は生活を通して日常的に愛を表す人でしたが、足元においてとともに世界を包む広い愛に生き、時にインド、アフリカ、南米、アジア、その他にまで足を延ばし、最も傷ついた人たちを訪ねて短い間でもその人たちと実際に暮らし、その人たちを人類家族の一員と考えて真剣に生きました。

また、若者たちに信頼を抱いてこう繰り返し語りました。「できれば私は地球の果てまで行きたいものです。若者たちへの信頼を繰り返して語るために。」(3)彼らへの信頼と愛も終生変わりませんでした。

「心の平和とは、決して他の人々を忘れてしまうことではありません。人類の連帯への呼びかけに、耳をふさぐものではないのです。その呼びかけは直接福音から来ます」とも語っています。

こんな祈りを、こんな信仰の在り方を、私はもっと若い頃から知っていればよかったと思うこの頃です。

二　神との交わり

「キリストは、新しい宗教を始めるために地上に来られたのではなく、すべての人に神にある交わりを与えるために来られました。[1]」

これもブラザー・ロジェの言葉です。神との交わりを人々の間につくり出すことが、キリストが来られた最大の目的です。[2] 聖書やキリスト教についての知識は確かに大切です。しかし知識は補助的ツールであって、真理を指し示しはしますが、私たちを生かす実体ではありません。だがそのツールがやたらに多いのが、キリスト教をはじめ現代社会です。

（1）Brother Roger. *A Path of Hope* P.61.
（2）J.L. Gonzalez Balado *The story of Taizé* P.26.
（3）Brother Roger; *Living for Love* 2010. p.8.

ロジェはこうも書きます。[3]「過去の歴史にさかのぼれるだけ遡ると、非常に多くの信仰者たちは、祈りの中で、神は自分に光を、命をもたらしてくださることを知っていました。キリストより前のある信仰者がこう祈っています。『わたしの魂は、夜、あなたを思い焦がれます。主よ、私の内面の深く、私の霊はあなたを求めます』と。

神との交わりを求める願望は、限りなく遠い昔から人の心の内部に置かれてきました。その交わりの神秘は、最も深い心の内に達し、私たちの存在の最も深い部分にまで至ります。

それで私たちはキリストに言えるのです。『私たちは、あなた以外のどんな人のところに行けるでしょうか。あなたは私たちの魂に命を与える言葉をお持ちです』と。」

私は、人々に神の前に出て祈ることを勧めながら、自分は日々、み前に心を込めて静まり祈ることをしていませんでした。偽善とも詐欺とも言えるものでまったく恥ずかしい話です。なぜそれができなかったかと言えば、祈っても聞かれないという思いが強くあったからです。そして実際、私の祈りは聞かれないように思えました。

だがそれは違っていたのです。実際には聞かれていたのです。手ごたえをもってそのことが分かったのは、いつ頃からでしょうか。それは、信仰は神との交わりにあると知った時からです。それを知ってからは、キリストの前に出ることに意味があることが分かり、そうしていつの間にか、具体的な生活においても祈りが聞かれていたことが分かり始めました。聞かれているのに、聞かれていることを知らずに通り過ごしていたのが私でした。いわば禅で言う「明《みょう》珠《じゅ》在《ざい》掌《しょう》」を知ったのです。今では、神の不思議な計らいが私たちの周辺にも起こっているのが見えてきました。

神との交わりとともに、神にあって人々との交わりのすばらしさも見えてきたのです。ロジェは、教会に与えられた最も美しい名は「交わり」だと語っています。

（1）*Taizé 2003 Opening Paths of Trust* P.10 & Glimmers of happiness 2005.
（2）一コリント一・九、一ヨハネ一・三。
（3）Brother Roger. *A Path of Hope* p.29.

Songs from Taizé 1

闇路のなか、闇の中に　あなたの消えぬ火輝き、
闇路のなか、闇の中に　あなたの消えぬ火輝き
Dans nos obs-cu-ri-tes,
al-lu-me le feu qui ne se-teint ja-mais,
qui ne se-teint ja-mais.

三　ただ一人の祈り

二十五歳のロジェは、スイスからフランスの荒れ果てたテゼ村に移住し、一人で祈っていました。第二次大戦下のフランスの小村に、レジスタントと連絡して次々逃れて来る亡命者たちをかくまい、逃がしながら、自分の祈りや神をたたえる賛美の歌声が彼らに祈りへの参加を強制しないように気遣って、一人で野に出て祈ったのです[1]。

政治犯やユダヤ人逃亡者を、この青年は身の危険を冒して手助けしながら、たとえそれに対する恩義からであっても、来る人たちにいささかも無理強いにならぬようにとの配慮からです。どんな暴力も好まなかった彼は、そうしたことも一種の暴力と考えたのです[2]。

テゼの祈りは、厳しい苦難の下で涙するこの者たちへの愛から始まったと私は考えています。ですから、テゼで夏に開かれるワークショップでは、難民や貧困問題がテーマになり、環境問題が取り上げられ、ムスリムとの交流がなされ、年末のヨーロッパ大会では二、三十のセッションに分かれて現代社会や文化、芸術、信仰についての発題や討論がなされて壮観です。そこにも、苦難の下で涙する人たちとの連帯が見られます。

祈りのことに戻ると、天井の高いカテドラルに響く何百人、何千人、また時には数万人にもなるテゼの美しい祈りの集いだけが、テゼの祈り（注：

テゼの祈りは説教のない礼拝です）ではありません。数人の質素な祈りの集まり、また、一人だけで神の前に長く静まる祈り。すなわち、神をかけがえのない方として、日々慕う魂を持つ一人の人間であること。その一個の魂であることが最も大事なことです。

実際、テゼ村にある一一五六年に建てられたロマネスクの石造りの小さな教会には、今も、暗闇の中でただ一人で沈黙の祈りをする青年の孤独な姿が見られます。私もほぼ四十年前、音一つ聞こえない今よりも真っ暗なこの教会で、何日か沈黙の祈りをしていた孤独な若者でした。

牧師となりながらまだ真の確信も愛もなく、この人生をどのように生きればいいのか、孤独の中でそれを探していたのです。

場所的に、また環境や身体の事情で、テゼの祈りに（日本のテゼの祈りの集いにも）加われない人たちもいます。私は今、テゼの黙想と祈りの集いに出ることができない日や、私たちの教会で集いがない日は、そういう人たちに連帯して一人で祈る時を毎日持っています。その時ほど、祈りが時空を超えた、霊的なものであることを味わえることはありません。

テゼの歌を歌い、聖書を読み、神の前に長く沈黙し、世界の忘れられた人々と連帯し、また歌を歌う。この単純な繰り返しの日々が、私の現在の信仰を育んでくれているのです。大地をうるおし、やがて地下水となって地球のあらゆる生物を豊かに育む恵みの雨のように。

（1）Brother Roger; *God is Love alone* 2003 f.45.
（2）J.L. Gonzalez Balado the story of Taizé. ff.21.

Songs from Taizé 57

みたまよ　来たりませ　我らの中に
みたまよ　祈りませ　我らの中で
Vie-ni Spi-ri-to cre-a-to-re, vie-ni, vie-ni,
vie-ni, Spi-ri-to cre-a-to-re, vie-ni, vie-ni!

四　つぶやきすら聞かれる

ブラザー・ロジェの言葉によって、祈りも信仰も浅い私は繰り返し励まされます。彼は、私の魂をなんと深く温かく理解してくれているかと思い、驚きます。

私はこれまで、祈りというのはとうとうと途切れなく祈るもの、できれば格調高く祈るのがベストと考えてきました。その後遺症は今も持っていて、そうした祈りをする人があると圧倒され、自分もそのような言葉をいつの間にか探しています。競っているのです。

しかし、私の素顔はそうではありません。たとえ右のような祈りができた時でも、それは明らかに背伸びした、聞いている人たちへの聞かせる偽善の祈りでした。うまくいった時は私の祈りもまんざらでもないといい気になり、うまくいかないと挫折感とともに、皆はどう聞いただろうかという不安に襲われます。

それは、祈りなのでしょうか。神の耳に向かっていない祈りは果たして祈りなのでしょうか。私の祈りはしばしば神に向かわず、人に向かっているのです。誰が知らなくても神だけは私の醜い姿を見ておられます。

ブラザー・ロジェは、多くの言葉が必要ではないと言います。数語だけのこともある、ぎこちない場合すらあると言います。[1] 神は、「つぶやき」（詩編五）すら聞き分けてくださるからです。私はその言葉にホッと救われます。単純素朴でいいというのですから、信仰者ぶったり、敬虔さを装ったり、知識人を装うのは不要だということでしょう。

しかも、そういうつぶやきの祈りでも、「神に恐れや望みをまったく委ねうるに十分」というのですから、うれしく心躍ります。

私はこういう祈りをしたいし、こういうごまかしのない祈りがなされる群れをつくりたいと思います。富める人でなければ通えない教会でなく。

「富める人」とは、ここでは、知識や知恵、格調高い信仰の言葉に富んだ人のことを指しています。

私はまったく、まったく貧しいのです。

（1）Brother Roger. *A Path of Hope* p.61.

Songs from Taizé 114

幸い　さいわい　心の貧しい人よ

幸い　さいわい　神の国は　彼らのもの

Beati voi poveri perche vostro e il regno di Dio.

五　沈　黙

テゼの祈りの中ほどには、長い沈黙の時間があります。神の前に沈黙し、静まること。そこには特別な意味があります。

（一）沈黙の価値（1）

テゼの丘では、一日に三回、あらゆるものがストップします。聖書の講解も、ディスカッションも、炊事も受け付けも、あらゆる業に携わる人が鐘の音を合図にそれを中断するのです。聖書を閉じ、トラクターのエンジンを切り、ディスカッションをやめ、包丁を上げた人はまな板に降ろし、テゼに着く人たちを迎えていた受付ボランティアたちもドアに鍵をかけて教会に向かいます。

五色の明るい音色で、なだらかな丘にこだまするテゼの鐘は、ブラザーたちだけでなくテゼに来たすべての人を祈りのために「和解の教会」に呼び集めます。百人の日も、一万人の日も。

全世界から集まった数百人の、数千人の、時には一万人を越える主として若者たちが、テゼのブラザーたちを囲んで一緒に歌い、祈り、長い沈黙の時を持つために、外観はスーパーマーケットにも見える平屋根の教会に集まって来ます。朝は、それぞれの宿舎やテントやコテージを出て、朝もやが柔らかに丘を包む中を、空腹のまま黙々と赤い目をこすりつつ、昼は頭上に広がる澄んだ大空の下を、にぎやかに談笑しながら、夕べは、太陽がはるか向こうのなだらかな丘の背後に、夕焼け空を残してゆっくりと沈むのを見ながら。

皆で作り上げるすばらしいミュージック・フェスティバル！と呼んでしまいそうなこの共同の祈りの中ほどで、聖書が五、六か国語で読まれたあと長い沈黙の時が来ます。十分ほどに及ぶことがある、神との出会いのためのユニークな時です。

初めてこの長い沈黙の時を経験する若者は、恐ろしく長く感じるかもしれません。しかし、週の半ばにもなると、初めての者もこの長い沈黙に深い意味があることに気づき始めます。何千人いても、水を打ったように咳払い一つ聞こえないことがあります。

ロジェは、この十分を、「人生で最もすばらしい事柄」、至福の時と呼んでいます。

（二）沈黙と祈り

祈りを導くガイドとして、最も古い祈りの書物である旧約聖書の詩編を採用するなら、そこには、主として二つの祈りの形があります。

一つは、助けを求める「嘆きと叫び」です。他は、神への「感謝と賛美」です。しかしもっと深い次元では、第三の祈りの形があります。これは、神へのはっきりした要求や賛美の表現をとっていません。

例えば、詩編一三一篇です。ここには、「静まりと信頼」以外の何ものもありません。「主よ、わたしの心は驕《おご》っていません。わたしの目は高くを見ていません。大き過ぎることを、わたしの及ばぬ驚くべきことを、追い求めません。わたしは魂を沈黙させます。わたしの魂を、幼子のように、母の胸にいる幼子のようにします。イスラエルよ、主を待ち望め。今も、そしてとこしえに。」

しばしば祈りは沈黙になります。神との平和で安らかな交わりは、言葉なしに行われます。

激しく泣いた後に、泣くのをやめて母の胸に抱かれ、涙はまだ乾かないのに満ち足りて憩っている幼児のように、神の存在の中で「魂を沈黙させる」こと。

その時には、祈りはどんな言葉もいりません。おそらく考えることも不要でしょう。祈りは、喜びの呼吸なのです。

（三）沈黙と賛美

しばしば私たちは明らかに沈黙するのですが、心の内で誰かを思い浮かべて、その人と死闘を繰り広げ、自分自身と闘って激論を戦わせています。

魂を沈黙させるためには、ある種の単純さが必要です。私は、「大き過ぎることを、私の及ばぬ驚くべきことを、追い求めません」というのです。

魂を沈黙させることは、私がどんなに思い煩っても、何ら多くのことはできないことを受け入れることです。沈黙するのは、私の達しうるものや能力を超えるものを、神に委ねることを意味します。沈黙の時というのは、それがどんなに短時間であっても、思い煩いの聖なる中断、安息日の休息に似ています。霊的サバティカル。

私たちの考えの混乱は、ガリラヤ湖において、弟子たちの舟を襲った嵐に譬《たと》えることができるでしょう。イエスは、その間、舟の艫《とも》の方で熟睡しておられたのです。

彼らのように、私たちも助けがなく不安がいっぱいで、右往左往する自分の心を静めることができないでいます。

しかし、キリストはそういう私たちを助けに来ることがおできになります。彼が風と海を叱って「凪《なぎ》になった」ように、私たちの心が恐怖と思い煩いでいたく動揺させられる時にも、私たちの所に来てそのいらだちと焦燥感を静めることがおできになるのです。（マルコ四章参照）

それにしても、沈黙は祈りなのでしょうか。言葉だけが神と関係するのではないでしょうか。沈黙が神と関係するのなら、どう関係するのでしょう。

ある詩編は、沈黙は賛美の一つの形でもあることを示唆しています。これまで私たちは、詩編六五篇の冒頭で、「神よ、あなたをほめたたえることは、ふさわしいことである」（口語訳）という言葉を読んできました。翻訳はギリシャ語テキストに従ったものです。しかし、最も多くの聖書に印刷されているヘブル語テキストは、「神よ、沈黙はあなたへの賛美です」（新共同訳では「沈黙してあなたに向かい、賛美をささげます」）となっています。言葉と考えが尽きる時に、神は、静かな驚きと賛美をもってほめたたえられるのです。

（1）Taize site. *The value of silence* 24 October 2001.

Songs from Taizé 3

目覚めて　とどまれ、
目覚めて祈れ　わたしと共に
Bleibet hier und wachet mit mir.
Wachet und betet. Wachet und betet.

六　エリヤ

神の言葉が「まったく静かな声」になる時に、私たちの心は不思議に変えられます。

シナイ山の激しい嵐は岩を裂きました。だが神の静かな声は人の石の心を溶かしたのです。エリヤ自身にとっては、突然の静けさは恐らく嵐や雷鳴よりももっと恐ろしい恐怖を呼び覚ましたでしょう。すさまじい声をもった力強い神の顕現は彼にとっては熟知するものです。だが神の静けさはエリヤがこれまで知っていたものとはまったく違ったもの。不気味で当惑させられるものでした。

沈黙は、神との新しい出会いを私たちに用意します。沈黙において、神の言葉は私たちの心の隠れた隅にまでしみいるのです。神の前に鎮まる沈黙の中で、神の言葉は「両刃の剣よりも鋭く、精神と霊を切り離すほどに刺し通す」ことが分かります。沈黙において、私たちは神の前から身を隠すのをやめ、キリストの光が、私たちが恥ずかしくて隠さざるを得ないところにもそっと届き、キリストの前で涙を流す私たちを黙って癒やし、作り変えてくださるのを知るのです。

沈黙と愛。

キリストは言われます。「私があなたがたを愛したように、あなたがたも互いに愛し合いなさい。これがわたしの掟である。」（ヨハネ十五・十二）

私たちは、この言葉を心から歓迎し、これを実際に行うために沈黙が必要です。私たちが興奮して落ち着かないでいると、決して素朴に人を赦し愛することがなくなり、その代わりに論争し、理屈をたくさんこねまわしてしまうのです。だが、私たちの「魂を安らかに沈黙させる」と、それらの理屈はまったくつまらないと分かります。八木重吉が語るように、

「わたしのまちがいだった
わたしの　まちがいだった
こうして　草の上にすわれば
それがわかる[1]」

ということが起こります。私たちはしばしば、騒音や多弁な言葉や、注意散漫であろうと、そういう方を好んで沈黙するのを避けてしまいます。逃げているのです。心の内的な平和は、勇気のいる冒険的な事柄だからです。だが、心の内なる平和は私たちを空《から》にさせ、貧しくさせ、敵意をなくさせ、素のままの自分と直面させ、私たち自身が持っている賜物へと導きます。

沈黙した私たちの貧しい心は、聖霊によって温かく包まれて無条件的な愛で満たされます。沈黙は謙遜であり、愛に向かう確かな一歩です。

（1）定本八木重吉詩集

Songs from Taizé 137

愛の主よ　守りたまえ　命の道　教え
喜びへと　導きたもう

Be-hü-te mich, Gott, ich ver-trau-e dir,
du zeigst mir den Weg zum Le-ben.
Bei dir ist Freu-de, Freu-de in Fül-le.

七　パラドックス

威圧的な声よりも静かな細い声がいい。

シナイ山で、神はモーセとイスラエルに語られました。雷鳴と稲光、そしてますます大きくなる角笛《つのぶえ》の音が神の言葉にともない先立ちました。（出エジプト十九章参照）

何世紀か後に、預言者エリヤが同じ神の山に戻って来ました。彼はそこで、先祖たちが経験したように嵐と地震と火を経験しました。それで彼は、雷鳴の中で語る神に聞こうと心を備えて待ちました。だが、主はかつてと同じ荒々しい自然現象の中におられませんでした。轟然たる音がすべて終わった時、エリヤは、「まったく静かな声」を聞き、神が彼に語られたのです。（列王記上十九章参照）

神は、威圧的な大声で語られるのでしょうか、それとも沈黙の気配の中で語られるのでしょうか。私たちは、シナイ山に集められた人たちや預言者エリヤをお手本にすべきでしょうか。だが、そのようなあれかこれかは悪しき選択でしょう。

十戒の授与に関する恐ろしい現象は、これらの戒めが、どんなに厳粛であるかを強調しています。それらを守るか拒むかは命か死かの問題です。自動車の下に走り込んだ子どもを見て可能な限りの大声で叫ぶのは正しいことです。それと似た情況の中で、預言者たちは、私たちの耳をつんざくような神の言葉を語ります。

大声で語る言葉は確実に人の耳に届きます。その言葉は堂々としています。威圧します。だが、そうした言葉はほとんど人の心を打たないことも私たちは知っています。それらは歓迎されるよりも抵抗されがちです。

エリヤの経験は、神は堂々と厳《いかめ》しくありたいとは望んでおられず、理解され、受け入れられることを望んでおられるのだということを示しています。神は語り、理解されるために、「まったく静かな声」を選ばれるのです。これはパラドックス、逆説。

説教の声がつい大きくなりがちです。だが、がなりたてる説教が必ずしもよいとは限りません。心に深く届く説教はむしろ逆でしょう。わが子を叱る時も同じです。

神の言葉が「まったく静かな声」になる時に、私たちの心をより効果的に変えることができます。シナイ山の激しい嵐は岩を裂きました。しかし神の静かな声は、人の硬い石の心を開かせることができるのです。

沈黙と祈りについて思いつくままに述べ、テゼのホームページからやや自由な訳で紹介しました。(1)

（1）Taize site. *The value of silence* 24 October 2001.

Songs from Taizé 5

わが心　たたえよ主を　命へと　導く主を

Bless the Lord, my soul, and bless God's
holy name. Bless the Lord, my soul,
who leads me into life.

八　質素な素朴さ

テゼでは、単純素朴な生活が創立当初から行われています。テゼのブラザーたちも、ここを訪れる人たちも残らずすべて。

単純素朴な生活というと、シンプルライフとか簡素な生活を思い描きます。生活を質素にし、自然のサイクルにできるだけ合わせた自然派志向のエコなライフスタイル。神経がすり減る超忙しい都会生活から脱サラして、のんびりの田舎暮らし。ものにあふれた生活から、ものを持たない身軽な暮らしへの転換。断捨離。肥満とお別れした健康志向の生活も含むでしょう。

また、日本では時々、清貧が唱えられます。己をむなしくして宇宙の真理と合一し、梵我一如《ぼんがいちじょ》の生活を目指す清貧の思想。テゼの単純素朴な生活とも関連がないわけではありません。

そこにはテゼの単純素朴な生活との類似もあり、私自身も親近感を抱きます。テゼのブラザーらも清貧の中に生きていますし、日本でも向こうでも古い家具が道端に捨てられ、新しいモダンな家具が出回り始めた一九七〇－八〇年代、ロジェたちは捨てられたアンティークな家具を拾ってきて使いました。そこにも質素な在り方と古き良きものを見抜く肥えた目がありました。彼らの中には、牧畜や農業、焼き物やステンドグラス、工芸家や音楽家もいます。古典世界の研究者やむろん神学者もいます。彼らの中に禁欲の精神も生きています。

しかし、テゼの単純素朴な生活は、知識人の風雅な個人主義的趣味とは異なり、人々と分かち合う質素な生活。貧しい人たちと具体的にともに生きようとするライフスタイルです。ですから、俗をさげすんだり、卑しめたり、孤高に生きる悟りでなく、世界に大きく開かれた生活です。一般民衆への温かい愛と尊敬を持ち、俗の中にも光あれと願って、体を持って俗の中へ入っていく清貧の生き方と言っていいでしょう。

あの静かで平和な、単純素朴なテゼの祈りは、脱俗を目指しているわけでなく俗を忌みもしません。その祈りは隣人に開かれ、悩み多い俗世界へと向かいます。その平和な魂には、貧しい人や苦労する人への温かい燃える愛が秘められています。戦後間もなく、ブラザーの何人かは、きわめて貧しい炭鉱労働者の間に積極的に入って一緒に暮らしました。

テゼでは心の平和が語られます。しかし繰り返しますが、それは隠遁の平和ではありません。テゼの心の平和は、虐げられ、小さくされた世の人たちとともにあろうとする心の貧しい喜び。罪と咎《とが》をもち、弱く、壊れやすく、傷つきやすく、例えようもなく醜く汚れもする人類という家族とともにあろうとする祈りです。その心の平和は、人々の間に入って和解と信頼を創りだすパン種となることで、大きな人類家族として接点を持ちます。彼らはイエスの受肉を比喩的に生きているのです。

ですから、単純、素朴、祈り、信頼、感謝、正義、喜び、平和、交わり、愛が、テゼには満ちているのです。

テゼでも自分の心を見つめ、東洋的な内観をもって自分を見つめ直しますが、人間の辛らつな目や、悲観的な裁きの眼で自分を見つめ直しません。キリストの温かいまなざし、罪の赦し、宇宙の真理をもって見つめています。自分の貧しさと汚れやすさ、傷つきやすさを知る故に、日ごとに自ら神の前にとどまり、新しくされることを祈り求めて生きているのです。そこには、愛ゆえに自分を砕いてくださるお方への切なる求めがあります。

テゼの静かな祈りの時は、人間の誰にもある魂の暗がり、その源流にまで心を届かせる時です。それは自分一人がその源に手を届かせようとしているのでなく、そこに集まるすべての人たちとその源まで手を届かせるのです。それはまた、根源であるお方が、私たちに優しく愛をもって手を伸ばしてくださっていることの発見です。

言葉を換えれば、それは、キリストが愛のまなざしでご覧くださっている発見です。私たちの最も深いところで、神とキリストは、すでに私たちを待っていてくださるからです。しかも愛を押し付けず、私たちの傍らにそっと留まり、待ってくださるのです。神をまだよく知らなくても、単純素朴な神へのあこがれの中にさえ、神への言葉にならない願いと信仰の始まりがあるのを知っていてくださるのです。愛の広さ、長さ、高さ、深さ。

そこに未来への明るさ、希望、そして可能性があふれています。一人ひとりが過去から見られるのでなく未来から見られ、終末のあわれみ深い光に照らされているからです。

精神的強靱さを求め、成熟した偉大な人になって何事かをなさんとするのでなく、むしろ小さくキリストの前に仕えようとします。そして、自分も俗なる一個の人間であるのを知って、小さいからし種として生き、地の隠れた塩、世の小さな光として、黙々と社会の一隅一角を照らそうというものです。

先に書いたように、清貧の思想によくあるのは、個を強調してほとんど個人だけしかないのに対して、テゼは、神の前に一個の魂としてとどまることでかえって連帯を生み出すのです。それは、自分が属する共同体の中で満ち足り、自己完結して、自分の共同体とその周りに隔ての垣根を作るのでなく、作ってしまいがちな垣根を壊しながら、世界を一つの連帯した大きな共同体、人類家族ととらえて、日々新しく人と肩を組んで連帯の道を模索しているところにあります。内に閉じこもった修道院でなく、世界に開かれた修道院がテゼです。

Songs from Taizé 6

栄光あれ　いと高き神　栄光あれアレルヤ
地に平和　み心に　かなう人にあれ

Glo-ri-a, glo-ri-a, in-ex-cel-sis De-o,
glo-ri-a, glo-ri-a, al-le-lu-ia!
Et in ter-ra pax ho-mi-ni-bus
bo-næ vo-lun-ta--tis.

九　すべての人よ、主をたたえよ

テゼの集いでは、♪すべての人よ、主をたたえよ♪という歌がよく歌われます。元はラテン語で、「ラウダテ　オムネス　ジェンテス」という言葉で始まります。私もしばしば、この歌を歌って祈りの時を始めます。この歌で歌い始めると、祈りへとスムーズに導かれ、私の祈り心が引き出されるのです。

もし最初から自分の言葉で祈りをしなければならないとしたら、私は、自分にも人にも、神にも見せるような祈りをして背伸びをしてしまうでしょう。たとえ自分一人の場合でもです。祈りながら、神に心を向けるのでなく、別のものに心が向かうのです。心の中で自分の祈りをチェックしつつ祈ったり、自分に聞かせるために祈ったりと、実に醜くなります。

それとは違って、テゼの祈りでは同じ歌を何度も繰り返し歌うので、例えば「すべての人よ、主をたたえよ」と歌いながら、この歌詞に乗せて、いつの間にか心の中でとりなしの祈りが生まれています。

今朝もこの歌で始めましたが、歌いながら、今、坂下の道を勤めに向かう出勤途中の人たちのことが胸に浮かび、「すべての人よ、主をたたえよ」と、この人たちのことをとりなしながら歌いました。

次に、この青い水の惑星に住むすべての人たちのことが心に浮かびました。都会で暮らす人だけでなく、田舎暮らしの人や、誰も知らない所で過酷な環境に置かれている人たちのことです。約八十億の人たちが、それぞれの命の根源である主をほめ歌うようになれば、どんなにすばらしいでしょう。

また、教会に来ている人たちのことが浮かび、重荷を持つ人や苦悩の中にある人、古くからの人や最近来た人など、すべての人が今日も主なる神に守られ、神をたたえることができるように歌いました。

それから急に、私に悪感情を持つ人や、敵意を抱く人があるとして、そのような人のことを思い浮かべながら、「すべての人よ、主をたたえよ」と歌っていました。

さらにこの歌を歌い続ける中で、国内外で被災した人らや、災害がなくても日常的に極度の貧困状態に置かれて来た人たちのことを思いながら歌い、難民の人たちを思って歌い、障がい者や不治の難病で苦しむ人たちのことを思って歌い、孤独な寂しい人、友のいない人、例えようもなく汚れてしまった人、低くされ、虐げられている人たちにも思いをはせて歌いました。

歌ううちに、この歌は世界を包む祈りだと気づきました。テゼの歌はそれ自身すでに一つの祈りですが、私の心にはいつの間にか神への祈り心が息づいていて、心は高く神に向かい、世界の人々のために、今ここに祈ることのできる幸いを思いました。

テゼの歌自体はまったくシンプルです。だが、それを何度も繰り返し歌って祈りをすると、このシンプルな歌の中に、あらゆる人と、あらゆるものが包み込まれ、流れ込んで、非常に大きな内容を持つ歌となります。その懐《ふところ》の大きな不思議な働きに私は毎回驚かされます。

最後に、今朝この歌を歌っているときは、二〇〇五年八月十六日の夜、フランスのテゼの集いで殺された九十歳のブラザー・ロジェのことを思いました。強いパラノイアの病を持つ女性が背後から襲いかかり、ロジェはその場でほぼ即死し、数千人がいた教会は騒然となりました。だが騒然さが続く中でロジェの身体が外に運び出されると、一人のブラザーがマイクを取り上げてこの歌を歌い始めました。すると再び数千人は落ち着きを取り戻し、普段のテゼに戻ったことを思い出しながら歌いました。

鋭いナイフで切りつけた偏執的に心を病んだ悲しみの女性。血を流し、息を引き取ったばかりのロジェ。その中で、「すべての人よ、主をたたえよ」、と歌われ、ロジェのことを案じながら何度も何度も繰り返されました。むろんこれを歌いながら、今指導者をなくしたテゼの群れの将来のことが胸をかすめましたし、ロジェを刺し殺した寂しい病める女性のことも思いつつ、「すべての人よ、主をたたえよ」と歌われたのです。

人間は光だけでなく陰を持ち、脆《もろ》く、弱く、崩れやすく、深刻な深い闇が私の心をも覆います。罪深い、例えようもなく汚れたどす黒いものさえ鉛のように腹の奥の片隅で窺っています。私自身それを感じつつ、悲しみながら生きています。だが、神は私たちの悩める姿の一切をご存じで、何よりも愛であり、慈悲深く、ただ愛だけであることを生涯にわたって説き、それを生き抜いたロジェは、最後の息を引き取りながら、「すべての人よ、主をたたえよ」と心の中で歌ったに違いありません。

このような歌を一日の最初に歌って生活ができるのは、なんと幸いなことでしょう。

十　キリストとメナ師

テゼの「和解の教会」で、初めて「キリストとメナ師」のイコンを目にした時から、私はこのイコンにひかれました。

イコンの実物はパリのルーヴル美術館にありますから、そこを訪れる度にコプトのコーナーを訪ねるのですが、いつも閉鎖されていて、残念ながらまだ本物に接していません。(その後幸いにも開館の時に二度訪ねることができました。)

これは、六世紀末から七世紀初めのもので、ちょうど一九〇〇年にエジプトの中部地方にある、バウィットというコプト教会の修道院跡から発見されました。大きさ57×57センチ。イチジクの木に描かれています。メナはこの修道院の院長だろうと言われています。

このイコンを眺めていると、私はいろいろなことを想像します。ちなみに、手元にあるのは、二〇〇五年にテゼで求めたレプリカ。

二人の背後にエジプトの赤茶けた岩山砂漠が連なり、足元にしおれた草がわずかに残りますが、他はどこにも草木はなく、ただ荒涼たる大地と山々が連なるのみ。その前で、キリストとメナ師が穏やかに並び、こちらを向いて立っています。イエスは左腕に大きな聖書を抱え、右手はメナ師の右肩に置いて、肩を組む姿に信頼と愛の連帯が漂っています。ブラザー・ロジェはこう書いています。

「イエスは、私たちの重荷や失敗や肩にくい込む重圧をご自分に引き受けられるのです。[1]」

私には、「これは、私の友」と、イエスがメナを世に紹介しているように感じます。あるいは私たちにも、「あなたがたはもはや私の僕でなく、私の友」と語るイエスの声が、今にも聞こえてきそうなリアリティーがあります。作品は全体的にエレガントで、いわく言い難い真実がこもっています。

メナ師の方は白いものが髪の毛にもあごひげにも混じっています。彼もイエスと同様、いかにも平和な落ち着いた顔つきです。二人の目の穏やかさは忘れられない表情の一つです。目にアイシャドーがあるのは実にエジプト風で強く印象に残ります。メナ師は左手に、恐らく彼の修道院規則を持っているのでしょう。右手はイエスを軽く指差しています。あるいは人々を祝福する印を結んでいるのかもしれません。

　このお方は私の闇の深さをご存じで、誰にも告白できない重荷を取り去り、平和を授けてくださった。このお方こそ、砂漠に似たこの世でも生きるすべと勇気を与えてくださったと語っているように聞こえます。彼の右手は、信仰とは悟りでなく曲がった指であってもキリストを指し示すこと。神を仰ぎ、神に向かい、神に信頼して委ねること。み言葉を黙想し、この世に一粒の麦として蒔《ま》かれることだと語っているかのようです。彼の持つ巻物は小さく、イエスは分厚い聖書を抱えています。イエスは真理全体を持っておられますが、人は真理のカケラを持つにすぎません。でも焦りは不要。誰しも真理の小さなカケラを生きれば十分です。

　夕焼けの空は赤く染まっていますが、すでにそのクライマックスは過ぎ、辺りに夕闇がかかり始め、背後の山々は不気味なほど黒々し始めています。大地も空気もカラカラに乾燥し、人の心も同様です。砂漠に住む人々は生きることに困難を覚えます。争いがあり、裏切りがあり、謀略があり。病で倒れる人、不十分な食料、水は極度に少なく、すでに底をついています。そして、夜のとばりが降りると漆黒の闇が襲い野獣の遠吠えもするでしょう。まさに「一寸先は闇」の恐ろしい時間。危険な孤立、暗い絶望の世界。

だが、闇が深まるにつれ、それに打ち勝つかのようにキリストとメナ師の大きな光輪が輝きを増し、ものみなに希望を与えます。メナ師にとってキリストはすべてを委ねることのできる方。どんな暗闇が訪れ、どんなに魂の渇きがあろうと安心できる方です。彼はローマの軍人でしたが、信仰の道を選び取ってやがて殉教したと伝えられています。

私はエジプトの砂漠とともに、現代の東京砂漠のことも言っています。

キリストが、メナ師とともに暗黒が迫る砂漠に立っておられるのです。私たちは、メナ師のようにキリストによって希望を持ち、平和の中に生きることができるのです。

「闇の中でも主は私を見ておられる。夜も光が私を照らし出す。」闇もあなたに比べれば闇とは言えない。夜も昼も共に光を放ち、闇も光も、変わるところがない。（詩編一三九篇）テゼの二十七番は、**♪この闇も、闇でなく、主には　真昼のように明るい♪**と歌います。

「夕べになっても光がある」（ゼカリヤ十四章）のです。

（1）Brother Roger; Journal May 2, 1980.

十一　イコン

テゼには幾つかのイコンが飾られています。その中でも、「キリストとメナ師」とともに「三位一体のイコン」が特別目をひきます。

テゼにあるのは模写ですが、元のイコンは、ロシアの三位一体修道院の院長に求められて、ルブリョフという人が描いたものと言われています。現在モスクワのトゥレティアコフ美術館に所蔵され、三位一体の神秘を表す最高のイコン、またロシアの数あるイコンの中でも最高傑作です。十四世紀頃のもので、大きさは142×114センチの比較的大きなイコンです。

手に独特な動きがあります。象徴的なしぐさで、三位一体の神の麗しい関係が、食べ物が盛られた器を囲んでダイナミックに表されています。また、三人は互いにかすかにほほえみ、平和な空気が漂います。うわ目遣いの互いの目も、実にチャーミングでほほえましさがあります。「目は口ほどに物を言う」という日本のことわざを、ふと思い出します。三位一体の神ですが、人間と隔絶した、威厳に満ちた超越的存在でなく、優しさがあふれています。

場面はマムレのアブラハムを訪れた三人の天使に由来しますから、周りは恐らく、灼熱の太陽に焼かれた乾燥した砂漠ですが、彼らの間の関係にいささかも影響することはありません。どんなに太陽が大地を焼き尽くすとも、魂や人の心を焼き尽くすことはできず、かえって三人のどこからともなく詩情がふつふつとあふれ出て、三位一体の神秘が絶妙に表現されているのです。

真ん中が父なる神、左が子なるキリスト、右が聖霊の神でしょうか。真ん中がイエス・キリストという説もありますが、その確かな存在感によって、私には父なる神と見えます。中心に位置する確かな姿に、神の絶対性、永遠性、普遍性を表したのでしょう。

三人に共通するのは、それぞれ一本の長い杖を持っていること。衣の青色も共通します。ただそれらは同じ着物でなく、外に羽織った袈裟《けさ》の衣も、青と透きとおった白、そしてうす緑と、三一神の多様性を表してか、多様です。よく見ると、上に羽織った衣の襞《ひだ》の幾何学模様は実に繊細かつ上品に表現されて、このイコンの優美さを見事に際立たせています。それは、三位一体の神の、美しく調和しあうスピリチュアルの有り様を、十二分に引き出しています。

全体に漂うのは穏やかな平和です。三位一体の神は、平和と信頼を作り出す神であると語っているかのようです。また、あなたの生きる砂漠のような世界にも、平和と信頼の神が傍らにおられる、恐れるな、と語っているかのようです。

イコンは偶像ではありません。私たちの思いを神に集中させ、信仰とイマジネーションをますますかきたて、神とキリストと聖霊を賛美させます。

イコンは、現実から離れやすい信仰を現実に引き寄せ、この時代を、どう生きるかを考えさせるのです。

Songs from Taizé 33

我らに　平和をください　主よ今 み言葉ください

Nunc di-mit-tis ser-vum tu-umDo-mi-ne,
se-cun-dum ver-bum tu-um inpa-ce.

十二　日常性と永遠性が出会う

朝七時から始まる祈りの集いは、いつも少数の小さな集まりですが、ある秋の朝、何人かの初めての人が参加したのでうれしい朝となりました。朝、神の前にしばらく静まって勤めに出かける。これは、私たちが考える以上に深い精神性を持つ生き方です。

日常性が永遠性と結びつくとき、初めて深い意味を帯びます。ステンドグラスが背後から光に照らされて、それが持つ本来の美しい色合いを発揮するように。神ぬきの生活、永遠なものとの関係を失った生活は、いかに多くの仕事をし、売り上げを伸ばしても、どこか空しさが付きまとい、小利口な経済的動物で終わりかねません。

初めてテゼのブラザーに会ったのは一九七八年。埼玉県の田舎町、宮寺という所に司祭のいないカトリック教会があり、そこを借りてブラザーのマルクとシルバンが住んでいて、日帰りしたり泊まったりしました。最近、その頃の写真を見ましたら、私の髪の毛はふさふさしていました。一年に何本ぐらい抜けるのか興味あるところです。

ある夏、起床後に畳敷きの聖堂で三人で朝の祈りをして、正座で質素な朝食をいただき、帰り際に玄関で短い立ち話をしました。その時マルクが、「多くの言葉は要らないんだよ。毎日、短い聖書の言葉でいいのさ」と言い放ちました。彼のゴツゴツした口調の英語がまだ耳元で響いています。

髪の毛が抜けても、この言葉だけは今に至るまで長く残っています。恐らく丸坊主になってもこの言葉だけは残り、墓場まで持っていくことになるでしょう。

やがてこの言葉は、ブラザー・ロジェのものと知りました。いろいろアレンジした形で言っていますが、「日々、聖書の数行の中に入っていきなさい」という言葉です。

これは、わが座右の銘になっています。座右の銘とは、常に身近に備えて自分を戒める言葉との意味ですが、私の場合は、これが一日の中心をなしています。朝、テゼの歌を歌い、聖書に聞き、沈黙し、黙想するという時が、一日で一番すばらしい時間になっているからです。この時間は私にとって至福の時、一日で最も美しい時です。

年々違いますが、今の私は、テゼの歌を歌い、詩編を朗読し、再び歌を歌い、マルコ福音書を朗読して黙想し、長い沈黙の時を持ちます。むろんテゼの歌は繰り返し歌います。朝に外出する日は、短い黙想で終える場合もあります。ただテゼの祈りの集いで、長い沈黙の時がやって来ると、その直前に読まれる聖書を黙想しています。

「日々、聖書の数行の中に入っていきなさい」とは、この時間を指しているように思えるからです。

ただ一週間は七日ありますから、別の日はまったくの沈黙、別の日は別の事柄、また別の日はほぼ決まった祈りの言葉、テゼのブラザーたちのために祈ることや自由な祈とうをすることもあります。

この時間を持たないと、髪の毛を切られたサムソンのように力が入りません。このひとときは私の命であり、力の源です。

十三　自己嫌悪がとれる

私はものすごく恥ずかしがり屋です。恥ずかしがり屋も恥ずかしがり屋、自分の前でも自分が出せないほどシャイでした。

それで、神の前にただ一人出るとなると、一層のこと声を出して祈れません。というのは、神の前に出るというのは極限の素っ裸になることでしょう。いくら、とっくに神様は君の裸をご存じだからと言ってくれても、それはできません。神の前に裸になるのは、自分の前に裸になることでもありますから、自分の前で自分が出せない人間が、どうしてそんなことができるでしょうか。

その上、自分の祈りの内容の乏しさ、陳腐さに辟易し、マンネリの祈りには反吐《へど》をもよおすほど嫌悪感を覚えるからです。

しかし、テゼに出会って四十年ほど。やっと十年ほど前から克服できるようになりました。長年かかりましたが、亡くなったロジェとテゼ共同体のブラザーたちにどんなにお礼を言っていいか分かりません。そういえばロジェも祈れない時期があったのです(1)。

テゼの短い歌。その歌詞は信仰の本質を単純明瞭に気負わず表現しています。短い聖句であったり、古代から現代までの信仰の先達の簡潔な言葉であったり。それを繰り返しゆっくりと歌うので、時がゆったりと流れ、自分の実存の深みまで信仰の本質が貫いてきます。

しかも、長い十分ほどの沈黙の時に、先に記したように、私はその直前に読まれる聖書の言葉を黙想することにしていて、この黙想のときが私を清めてくれるのです。むろんこの沈黙の時は、いろいろなところに心を向けて祈ったり沈黙のみの時としても持ちます。

こう書きましたが、個人の祈りです。一人ひとりが工夫して、自分の祈りのスタイルを作ればそれでいいのです。長く続けることができる自分のスタイルが大事です。「これでなければいけない」という不自由な考えは不要です。ただ、自分の勝手さに流されてもいけません。

長く続ける要諦は、たとえ数日祈りから遠のいても、自分の弱さにやけを起こさぬこと。自分はもともと意志の弱い人間だと理屈をつけて投げ出せば、誰でもポシャりますよ。自分を責めずに今日また祈りの座に着くこと。すると祈りを離れていた日々からも教えられてそれが生きてきます。

忙しい人は一日十五分でいい。五分、一分の日があってもいい。神と交わり、神に聞くときを長く持つと人生が変わります。自己嫌悪の人だけでなく、そうでない人も必ずあなたは神に導かれて変えられるでしょう。だって、私たちは皆、その源からやって来たのですから。

（1）Kathryn Spink; Universal Heart. P.18.

Songs from Taizé 119

何も主とわたしたちを離せない

み神の愛　みちあふれるイエス　おおおお

No-thing can e-ver come be-tween us and the

love of God, the love of God re-vealed to us

in Christ Je-sus. O o O o

十四　何のための質素な食事

私がテゼに魅かれる理由の一つは、彼らの貧しさにあります。貧しさと言っても、心すさむほどに打ちひしがれるような貧困でなく、質素やシンプルさを愛する生活です。

それは、私にはできないことへの尊敬であり、憧れでもあるでしょう。富める青年に語ったイエスの言葉について、ロジェは、「これは福音書の中でもっとも驚くべき言葉の一つだ」と書いています。「彼は、キリストに従うことを望んだが、同時に豊かであり続けようとしました。自分が持っているものを貧しい人たちに与える愛の自由を持たなかったのです」と書いた後、「共同体としての私たちの召命は、まったく私たち自身の労働によって生活を支え、献金も、遺産も、贈り物も一切何も受け取らず、自分たちだけで生活をまかなうことに召されているということです。まったく何も、一切何も受け取りません[1]」と記しています。

ここに、この共同体の高い理念の一つが現れています。それは、現代社会の中で神の国を指し示すしるしになろうとすること。共同体の譬《たと》えを生きようとする姿です。

私はこのような共同体が同時代に存在することを誇りとします。自分の弱さ故に。

何もないことの中で、想像をめぐらして単純素朴さの美を創り出し、大地に足をつけて人生を軽々と生きる彼らの姿をあの「和解の教会」で見いだす時、私は勇気づけられるのです。「大地に重みをかけぬこと。悲壮な口調でさらに高くと叫ぶのは無用である。ただ、これだけでよい。――大地に重みをかけぬこと」、と書いた元国連事務総長D・ハマーショルドが思い出されます[2]。

「和解の教会」の外に出ると、ブラザーたちは白いガウンでなく、裸足にサンダルを履いたふだん着の姿です。誰がブラザーか服装では分かりません。しかしブラザーかどうかを見分ける一つの目安は、「顔に輝きがあってスリムな人」です。飽食の時代にあって、生きる姿にわれ知らずブラザーの片鱗が現れる彼らに、まぶしい光が当たっています。

「質素な食事は、私たちが世界の中でもっとも欠乏している人たちと連帯する道を選択したことを、思い出させてくれます。」質素な食事にこうしたスピリットが加わると美しさになります。そこに、生涯、愛と連帯に生きる澄んだ魂が輝いています。

自分も、貧しさの中で美しさを創り出そう。一ランク上の知の洗練が目指され、エレガントな装い、リッチなデザインの住環境が競われる時代に、誰と連帯するのかを考えよう。心が富んで傲慢になり、誰も見ていない所では謙虚さをなくしているのは、見るべきものを見ていないからです。

「もっと豊かさを」とあおる現代社会に疑問を抱いている人たちに、テゼ共同体は励ましを与え続けるでしょう。ここには、彼らが安心してくつろげる居場所があります。レジャーやイベントのためでなく、世界から多くの青年たちが訪れるのはその一つの証拠です。ここに来ると、現代社会の限界がくっきりと見えてきます。

（1）*The Sources of Taizé* P.65.
（2）ダグ・ハマーショルド『道しるべ』鵜飼信成訳、六九ページ。

十五　質素と豊かさ

貧困でなく、質素に生きることがポイントです。貧困とは、文字どおり貧しく困ること、困り果てること。赤貧は誰も望みません。そこでは豊かな気持ちは生まれにくいでしょう。また、生活に忙殺されると隣人を愛する気持ちも枯渇しがちで、知識人として一人前でもイライラととげとげしさが生活を毒します。飢餓感が積もると、心の貧相さが現れるかもしれません。貧すれば貪すると言われます。

しかし、貧しく質素であることと豊かに過ごすことは矛盾しません。むしろ質素さの中で憩うならば、時間にも、心にも、接し方にも、生き方にも、余裕が生まれます。

豊かさを求めすぎても飢餓感の餌食になります。競争社会はすべての人間を飢餓感に置き、落ち着きを奪ってきました。あるものを達成してもその上があり、まだその上、そのまた上がありま す。国際的な競争社会に投げ込まれて人々の飢餓感が一段と高まり、焦りとともに心の平和を多くの人から奪いました。物の豊かさの飽くなき追求、経済的繁栄の追求、社会的地位とスキルアップの追求。人間を飽くなき追求型の、落ち着きを失った、がむしゃらな人間にしてきました。自由主義経済社会は晩期を迎えているのかもしれません。

多数の人がストレスを鎮めるために安定剤を飲

み、明日の効率よい仕事のために熟睡を約束する薬を服用し、時には副作用もある薬を処方してもらい、ついに違法ドラッグにも手を染めていく。そういう流れにはまった人たちが身辺にもいます。

多くを求め過ぎず、身の丈以上のことをせず、控えめに、心を込めて落ち着いて人生を生きる。そこに幸せが待っています。

テゼのブラザーたちは、質素な生活に献身しています。切り詰めた生活という意味での質素さでなく、綿雲の軽く浮く澄んだ青空を思わせる生活。思い煩いのない質素さ。彼らは、食事の質素さを、世界の貧しい人たちと連帯できる喜びとして感謝し、質素が豊かな生活を生み出しているのです。(1) 貧しい人たちとの喜びの連帯としての質素さ。キリスト教徒の難民だけでなく、ムスリムの難民たちをテゼ村に進んで受け入れたのも、この連帯の現れです。その豊かな質素さにノーブルなものを感じます。

この点で驚くのは、彼らは外部からのいかなる献金も受け取らず、彼ら自身の手の業だけで暮らしを立てていること。彼らは親族の遺産さえ受け取らず、それらはすべて貧しい人たちのために使います。(2)

テゼで美しい何かを感じるとすれば、このノーブルな魂から湧き出たものかもしれません。

（1）*The source of Taizé* P.57.
（2）同六五ページ。

Songs from Taizé 26

この闇も、闇でなく
主には　真昼のように明るい

La te-ne-bre n'est point te-ne-bre
de-vant toi: la nuit com-me le
jour est lu-mie-re

十六　茶室でテゼの黙想

私たちの教会は、毎年一泊の夏季集会を、緑深い武蔵嵐山《らんざん》の国立女性会館で開いてきました。

疎林の間に、響書院というすばらしい茶室があり、夏季集会はテゼの歌を使った黙想の集いで始まります。林を抜けて来る風が心地よく、セミが鳴き、小鳥のさえずりが聞こえ、都会で生活する者にとってはそれだけでも癒やしがあり、英気を養われますが、茶室のゆったりした黙想の集いの最中に煎茶をたててお茶を頂くのです。

そのような集いを数回もって、テゼの祈りと茶席がこんなにぴったり心地よく響き合うことに驚きました。むろん茶会ではないので、あまり堅い作法や決め事は抜きにして、リラックスを心がけました。

テゼの黙想というものの、数曲歌った後、畳に正座した人たちの前においしいお茶を出し、短冊に書いた一人ひとり異なる短い聖句を差し上げ、長い沈黙の間はその聖句を味わってもらうのです。

テゼの歌は、小鳥らの声と美しく響き合い、林間を渡る心地よい風ととけあい、おいしい新茶にも、和菓子にも都合よく合って、すっかり平和と子ども心を取り戻しました。

初めてテゼ共同体を訪れてブラザーたちの夕食に招かれたとき、どこかから鹿威《ししおど》しの音が聞こえた気がしました。どのブラザーが取り入れたのか、日本の鹿威しの心地よい質素な美を知ってのことでしょう。

二章　テゼのスピリット

Songs from Taizé 127

神の恵みの　豊かにみちる地を仰いで
さあ　雄々しく信じて行こう　希望あふれて

I am sure I shall see the goodness of the Lord
in the land of the living.
Yes, I shall see the goodness of our God,
hold firm, trust in the Lord.

一　光を落とした暗がり

人類は、何十万年も自然とともに生きてきました。夜は暗く、闇が支配します。焚き火を囲む人たちの顔はほてって赤く輝き、周りは漆黒の暗がりが充満しています。

どんなに蛍光灯を明るくつけても、私たちの心は、古代人の心と基本的には変わりません。心には、明るさとともにうす暗がりが覆い、闇が全身を支配することもあります。職場を後にして自分の時間に帰ると、誰しも多少の闇に覆われています。

昼間は仕事が後から追って来ても、太陽の光の下で気も紛れますが、暗闇が迫るとそうはいきません。夜は本音が現れる時。先の見えぬ不安と思い煩いが顔を見せる時。それは素顔の自分自身と出会う、もっとも大事な、ごまかしがきかない時です。

テゼの黙想の祈りは、光を落とした落ち着いた雰囲気の中で歌い、黙想し、祈ります。これは、神のみ手の中に身を置き、自分自身を永遠なる方の前に持ち出す出会いの時となります。

ですから、私たちの心の闇を、虚飾を脱いだありのままの姿を全能の神の前に持ち出し、悩みや葛藤や魂の渇きや、人に言えない魂の深き汚れも、いかなる恥ずかしい戸惑いも神に打ち明け、時には困り果てた姿で、十字架の主のあわれみを乞い、その導きを祈るのです。

テゼの祈りの時間は、互いの姿は薄闇に包まれてはっきり見えませんが、明らかなのは、神に向かってともに賛美を歌っていること。心の渇きも、悩みも、ジレンマも持ち出してともに歌っていることです。魂が連帯する中で、神に向かっている姉妹や兄弟が近くにいるのです。

テゼの祈りの特徴は繰り返し書きますが、その途中に長い沈黙の時間があることです。この沈黙は一人ひとりに委ねられています。しかし、一人ひとりが勝手にそこにいるのではありません。彼らはともに、神の言葉を静まりながら聞いています。

光を落としたうす暗がりは、誰からも妨げられず自分であることを保障します。心配の顔も、苦渋の顔も、流す涙も、後悔や悔しさの顔も見られることはありません。誰もみな、沈黙の中で自分をすっかり神の前に持ち出しながら、しかも神の愛のみ顔の光によって穏やかに照らされるのです。

現代人は明るい人工の光の中での生活に馴れ、それから離れられなくなっています。店内が暗いと、はやっていない気がして入るのにためらいます。夜道も、暗がりより明るい道を自然に選んでいる自分がいます。

しかし、光を落とした中で自分を感じ、自分と出会い、十字架のキリストと復活のキリストの前で自分を考えていく。その時、自分との新しい出会いが起こり、隣人との新しい出会い方が用意され、神との出会いが新たに始まります。

Songs from Taizé 136
私のすべてを　知っておられる主よ
　あなたへの愛を知っておられる主よ　おおおお
Vies-pa-tie, tu vis-ka zi-nai
　Tuzi-nai, kad ta-ve my-liu.　O O

二　ステンドグラスの少年

少年はやや尻込みして、不安な表情をしています。不安なためにすこし硬い表情をし、左手で背後の人の指を握っています。右手は自然な感じですが、それをお腹に当てて自分を落ち着かせようとしているようです。あごを引いて、目は異常に大きく見開いています。

そんな少年のことをよく知る人が、背後に立って、右手で少年の背中に軽く触れ、彼を守りながら世界に紹介しているのです。大きな手のひらが、その愛の大きさと確かさ、永遠性を物語っています。

「さあ、自信を持って。恐れることはないよ。世界を信頼していいんだ、心配はいらないんだ。君は君でいいんだ。ごまかす必要はない。目には見えないけれど、君の行く世界は神の世界だから。ボクは、小さい子どもといつも一緒にいるから。」

そう。後ろから声を掛けているのはナザレのイエスです。その目は天を仰ぎ、豊かなひげは胸まで垂れ、父なる神を見ています。

子どもの顔色は今まだ蒼白です。でも体全体はもう赤みを帯び、背後のイエスの永遠の愛に赤く染まっています。もう大丈夫。

テゼの「和解の教会」の地下にクリプトがあります。そこに、カトリックのミサができる小礼拝堂の他に、近年、東方教会の礼拝堂もできました。東欧諸国から来る青年たちが増え続け、彼らの生まれ故郷の礼拝堂が造られたのです。

静まり返った二つの地下礼拝堂は、地上の「和解の教会」とは違ったスピリチュアルな雰囲気が漂い、ミサができる小礼拝堂は端正な中に自然と祈りに誘われる空気があります。また、ギリシャ正教会用の小礼拝堂に立てば、神の宇宙の神秘の中に包み込まれたかのような不思議な思いになります。神の胎内にいるかのような安心。

最初に書いたステンドグラスは、これら二つの小礼拝堂をつなぐ短い通路にあったと記憶します。もちろんテゼのブラザーが作ったもので、他のステンドグラスもほぼブラザー・エリックたちの作品です。

見つめていると、少年はいつのまにか私自身になり、私の背後からイエスの温かな大きな手がそっと添えられていることが分かります。そうです。大人になってもまだ世を恐れているのが私たちです。不信の渦巻く世界の中で私たち自身も不信を募らせ、信頼できない世界の中でぎこちなく緊張し、おびえ、パニックになり、自分を出せないでアップアップしています。

でも大丈夫。自分の命を救おうとしなくても。そんなに強く自分を守ろうと頑張らなくても。まだ不安だったら、後ろの私の懐にいなさい。私の手を握っていてもいい。あなたの心が落ち着き、気が済むまで。

テゼの地下礼拝堂に、こんなことを語りかけるステンドグラスが掛かっています。

Songs from Taizé 22

創造の主よ　聖霊の神　われらに　来てください

Ve-ni Cre-a-tor ve-ni Cre-a-tor
ve-ni Cre-a-tor Spi-ri-tus.

三　和室の小部屋で

教会の和室の小部屋に、テゼで使われている「キリストとメナ師」のイコンを置いて朝の祈りの時を持っています。行事が続いて、去年から祈りの時は自分の書斎でするようにしたのですが、書斎ではいろいろなものが目に付き、気が散ってしまったり、いつの間にか仕事へとつながっていったりして、祈りが日常性とあまりに近くなってしまうことのデメリットを痛感するようになったからです。

三畳のこの和室に、天井からべんがら色の矢絣《やがすり》の布をつるして正面をつくりました。そして正面にイコンを置き、その前に板橋のテゼの集いのために工夫した明かりを灯し、その手前に座って祈るのです。たまに野の花をとってきて、イコンの横に信楽焼《しがらきやき》の花びんに生けたりします。

この部屋で祈るとキリストに向かって集中できます。キリストがともにおられることが、しみじみ喜びをもって感じられ、心が穏やかに落ち着きます。「キリストとメナ師」のイコンが前に置かれた明かりで照らされ、ほんのりと赤く輝くのも私の心を憩《いこ》わせます。神に向かう祈りは、やはり非日常性の要素が必要です。むろん仕事場や生活の場での祈りも祈りですし、現実生活で格闘する祈りの価値は高くあるのですが。

そしてテゼの歌を歌い出すと、まるで多くの人とテゼの「和解の教会」にいて歌っているような気持ちになります。繰り返して歌うその歌は、繰り返しとともにその言葉の真の意味にまで心が届いていきます。テゼの歌は、歌自体が賛美であり祈りですが、歌い出しとともに単純素朴に私の心を神さまに持ち運んでくれるのです。

今朝思ったのは、生活を単純素朴にすることを再び忘れていたということ。私はいつもこのことを忘れて素朴さや貧しさでなく、豊かさへと心が向かいます。そのため、足元の現実の中にあふれている美しいものやすばらしいものに目が届かず、人の苦しみに気づかず、別の所に眼が行っています。日常的にちょっと背伸びして生きているのでしょう。なぜか焦っているのです。だが素朴な祈りの生活は、素朴な足元の生活に温かい光を当てるのです。

この小さな和室でキリストに向かう時、足元の大切な現実にまでキリストの光が差しているのを再発見するのです。闇の中に光が輝いているのを知るのです。

誰しも神の前にただ一人出て、神からの言葉で魂を深い所から潤されなければ、本当の平和を得ることはないでしょう。「人はパンのみで生きるにあらず。神の口から出る一つ一つの言葉で生きるのである」（マタイ四章）という言葉は真理です。

信仰の生活はこの恵みにあずかること。恵みは私たちのすぐ傍らに来ています。しかし、この恵みに浴するには恵みの中に入らなければなりません。頭だけの信仰では、姿を鏡に映すように振り返ればすぐ消えてしまいます。やはり日々実際に、神の前に出てその恵みにあずかることが大切です。

このような祈りは、私たちを人々の所へ、異質な隣人や苦手な隣人との出会いへと、私たちに平和を与えて遣わしていきます。

Songs from Taizé 38

おおお　主はこの日下さった　おおお　喜びたたえよ

O o o Psal-li-te Deo, psal-li-te!

O o o alleluia, alleluia!

四　イコンは偶像ではない

イコンは日本の教会ではあまりお目にかかりません。プロテスタント教会では、まるで偶像であるかのように拒絶されがちです。大山教会も、日曜の礼拝ではイコンを使いませんが、板橋のテゼの集いではイコンを使っています。イコンは、テゼのスピリットをよく表していると思うからです。それで今日は、イコンについて書いてみます。

イコンは偶像ではありません。それを前にして拝むのではありません。それはまったくの誤解です。

テゼではどうしてイコンが飾られるのでしょ

う。テゼのホームページに、「イコンによる礼拝」という題でこれを用いる礼拝のことが出ています[1]。それによると、イコンを用いると、礼拝の美しさに貢献するというのです。イコンは、地上の祈りにおいて、神の国のリアリティーを現実的にする「窓」のようなものだとも書かれています。

むろんイコンは像ですが、偶像でなく、単に描かれたり飾られたりしているのでもありません。それは、神の言葉の受肉を示すシンボルです。普通、神の言葉は私たちの耳に向かって語られますが、イコンは、その霊的なメッセージを、目を通して与えるのです。確かに優れたイコンは私たちの想像力をかきたて、信仰から信仰へと導き、私たちを信仰の奥義へといざないます。

日本のプロテスタント教会で、信仰生活におけるメディテーションの意義について説かれることはまれですが、実は、信仰生活にはメディテーションは大事な役割を果たします。そしてメディテーションがなされるときに、イコンが重要な意味を持つのです。

八世紀の神学者であるダマスコの聖ヨハネによれば、イコンは、キリストがこの世に来られたことに基づいていると言います。私たちの救いは神の言葉が受肉したことと関係しています。ですから、物質に関係しています。「かつては、霊的な目に見えない神は決して描かれることはありませんでした。だが、今や神は肉において現れられたので、私は神のうちの見えるものを描きます。私は物質をほめたたえません。私は物質を造られた方をほめたたえます。その方は、私のために物質となってくださり、物質に内在することを選んでくださり、物質を通して私の救いとなってくださいました。」

イコンが表す信仰によって、またその美しさと深さによって、イコンは聖なる平和の空間を作ることができ、救いを待つように励ますのです。それは、私たちが肉においても救いをいただくように勧めます。

私は、「キリストとメナ師」のイコンを、たとえばレンブラントの「エマオのキリスト」や「放蕩息子の帰還」などと同列において味わいます。古いコプト教会に由来するこのイコンから、くめども尽きない泉が湧いています。

（1）Taize site. Icons with Worship. 27 July 2003.

Songs from Taizé 27

おおおお　たたえよ 主を　ぜんちょ

おおおおお　アレルヤ　アレルヤ

O ooo Ju-bi-la-te De-o Om-nis ter-ra!

O oooo Al-le-lu-a Al-le-lu-a

五　ゆきなれた路のなつかしくて

先に書いたように、私は祈りが大の苦手。かつて私は、教会で祈りの番が近づくと冷や汗が出始め、前の人まで来ると逃げ出したくなりました。何を祈ろうかと考えていると順番がどんどん近づき、ついに私の番になって祈り始めると、先ほど考えていたことなどどこかに吹き飛んでしまい、思いつくまま、周りを気にしながら、支離滅裂な祈りをしていました。ですから、祈りが終わるとどっと疲れました。うまく祈れなかったのが引っ掛かってしばらく気持ちがめいってしまい、祈りを敬遠しがちでした。

それが、テゼの祈りを始めてから、祈りが苦にならなくなったのです。むろん、今でも皆の前で祈るのは下手ですし、あまり好きではありませんが、祈りというのは、本当は神の前に一人出て、神と差し向かいで神の言葉を聞き、お話しすることですから、これはとても好きですし進んで行きたくなります。

テゼの祈りを始めてから、八木重吉が言う、「ゆきなれた路の、なつかしくて耐えられぬように、わたしの祈りのみちをつくりたい(1)」を、私も感じつつ神の前に出ることができるようになりました。

テゼの祈りというのは、週に一度とか、不定期的にとかいうのではなく、毎日続けていると祈りが生活の支えになり、実生活に関わりをもってきて生活が作り変えられていきます。日銀総裁であったキリスト者の速水優さんは、総裁室にメディテーション部屋を作って黙想していましたが、祈りの力がどんなに大きなものかを毎日祈り続ける中で私は知りました。これは実感です。

今日、H・ナウエンの『ジェネシー・ダイアリー』を読んでいて、この思いが強められました。彼も祈りのことでかなり苦しんだ人ですが、「毎日繰り返される黙想が本当の実を結ぶのです。祈りの継続的なリズムなしには、時折の、あるいは定期的な黙想は生活のほかの部分とつながりを持たなくなります(2)」と書いています。

ですから、テゼの祈りはとてもすばらしいのですが、そのすばらしさは、日々個人的にも続けて祈りが繰り返される中で本当のすばらしさを発揮します(3)。テゼのブラザーたちの目が澄んでいるのは、多くの訪問者たちと違って、神の前に出る祈りを日ごとにしているからでしょう。

祈りが美しいと言われるのも、そのような祈りを日々する中で、美が輝き出すからかもしれません。祈りは受肉すると美しくなります。それは、人が力んで輝かす輝きでなく、神の霊が祈りの上にハトのようにいつの間にか降りて来てくださる自然の輝きです。

時間のない人たちは、せめて十五分、あるいは十分、または五分でも神の前に静まることです。思わぬ世界が開けるでしょう。

（1）八木重吉　定本八木重吉詩集
（2）H・ナウエン『ジェネシー・ダイアリー』P.190.
（3）Br. Roger: *Living for Love* Selected Text p.17.

Songs from Taizé 122

愛にみたされた心に　喜びあふれる
愛にみたされた心に　平和があふれる
El al-ma que an-da en a-mor,
ni can-sa ni secan-sa.（繰り返し）

六　どんな日も驚かない

ここしばらくは、テゼの「交わりのイコン」の前にランプを灯して、祈りと黙想の時をもっています。ほとんど一人ですが、ある時は二人で、またある時は数人で。時間はあまり決めていませんが、冬はまだ太陽が昇る前で、いつの間にかビルの谷間から朝日が部屋に差し込んでいたり、聞き慣れない小鳥の声が窓から聞こえることもあります。

毎日少しずつ違ったテゼの歌を歌い、聖書をはさんで長い黙想の後、また数曲テゼの歌を繰り返し歌います。気が向くと五、六曲歌うこともあります。その後はブラザー・ロジェの『テゼの源泉[1]』

を少し読んで味わい、続いて、今はナウエンの本を毎日少しずつ読み進んでいます。一曲歌って急いで出かける日もあります。

歌と聖書と黙想の手引き。これらは、「わたしの歩みを照らす灯」になります。

毎日このような日を送っていますが、日によって黙想の時の感じ方が違います。静かにイエスの前にとどまっているのに、落ち着かない日がありますし、眠い日もあり、長い砂漠を行く日々もあり、テゼの歌の中にリアリティーがあってキリストとの交わりが深められる日もあります。こうして長く祈りの日々を続けるうちに、どんな日があっても驚かなくなりました。まったく気が進まない日があっても、また続けるうちにうす靄《もや》が解け、キリストの実在に取り囲まれる日が、やがて必ず訪れるからです。だから動じなくていいのです。

テゼのイコンの前で静まる祈りは、神との交わりの実感を深めさせてくれますし、実感のないときにも神の実在を深く味わわせてくれ、実感のないときにこそ実感を越えて存在する方を仰ぎ見ることができるようにさせてくれます。これは大きな慰めです。そして、この交わりがあるから、日々の仕事に思い切って身を入れ、精を出し、また平和をもって人と接することができます。

恐らく朝のこの時間がなければ、私は、今ごろは完全にバーンアウトして、すっかり何の意味もない灰になっていたでしょう。人は灰から、土から、塵《ちり》から造られた脆い崩れやすい存在ですが、神との交わりがどんなに人を新しく生まれ変わらせるか、土の器に神の息が吹き込まれるか、それをこの身で日々実験している気がします。

人は日々、神の息を吹き入れられなければ生き生きと生きていけないのではないでしょうか。食ったり暮らしたりしてはいけても、生きてはいけないのです。

毎朝のテゼの歌を用いた黙想。それはすべての人に有効かどうかは分かりません。しかし、力いっぱい神をほめ歌うとき、人は自分が理解している自分よりも、もう少し輝いた自分を生きることができるでしょう。これをお読みの皆さんも実験してみられませんか。

Songs from Taizé 53

与えたまえ　主よ　われらに平和を
信じる者に　平和　さずけたまえ

Do-na la pa-ce Si-gno-re a chi con-fi-da in te.
Do-na, Do-na la pa-ce Si-gno-re,
Do-na la pa-ce

（1）Brother Roger; *The source of Taize*

七　テゼのスピリット

♪闇路の中。闇の中にあなたの消えぬ火輝き、
闇路の中、闇の中にあなたの消えぬ火輝き♪

テゼの歌集の一番を訳して歌うと、テゼ共同体のスピリットがよく表れているのに気づきます。テゼが語るメッセージの一つは、世界や自分が持つ闇の中にあって、独り苦しむ若者や大人や老人たちに、どんなにあなたの闇が深まろうと、また醜さが腹にこたえようと、あなたのただ中にすでに消えぬ火が輝いているという励ましです。

闇路は、私たちの内にも外にもありますが、外の闇によって私の心の闇は強まり、私の内なる心の闇によって外の闇の状況は一段と深刻さを増していきます。だが、その両方の闇に飲み込まれそうになる時も、神の消えぬ火が、あなたの心の闇の中で輝いている。その火は、幻影でなく確かな光であって、闇路を歩むあなたの足を照らしていると歌うのです。

弱さと闇を知らない人は、人の本当の姿を少しも知らない人ではないでしょうか。だが少しでも現実に触れるなら、そこには必ず闇の深淵が目につきます。目につくどころか、闇のすごさに圧倒されんばかりになっている自分が悲しくなります。ただ、闇の重圧を受けても、闇の中に決して消えない火が輝いているのを知れば、闇に打ちひしがれることも、心が絶望で覆われることもないでしょう。

テゼは、こうした現実に直面した人たちや、闇に覆われて生きる人たちに励ましのメッセージを語るのです。

テゼの歌集の約半数は、生涯、ブラザー・ロジェの友であったジャック・ベルティエによって作曲されました。[1]テゼの歌集の前半のほとんどは彼によるもので占められています。それを見て驚くのは、いかに「闇」という言葉を大切にしているかということです。むろんそれはブラザー・ロジェとの共同の中で生まれたからですが、一〜十二番に、実に四曲も「闇」という言葉が出てきます。そしてこれらはみんな、いろいろなバリエーションをもって、「闇路の中、闇の中に神の決して消えない火が輝いている」というメッセージを歌い上げるものです。

私がなぜ、テゼの歌をもって祈りを始めると祈りに入りやすいと感じるのか、その大きな理由がここにある気がします。それは、現実社会に生きる私は闇の中にあるからであり、私自身も闇ですが、その闇の中から、一気に神に向かって祈るのは、巨大な重量の宇宙ロケットを打ち上げるのに似て莫大なエネルギーが必要で、私にはなかなか困難です。

しかしテゼの歌はそんな私や他の人々の心を知ってか、その闇から歌い始め、闇を歌いつつ、そこに消えない火が輝いていてくださっているという福音を歌うために、スムーズに祈りに入っていくことができるのです。

こうして、テゼの歌と歌集は心理学的にもよく考え抜かれた優れた構成になっています。

蛇足ですが、テゼの歌集 *Songs from Taize* は二年ごとに改訂され、百五十数曲に抑えられてきました。基本になる歌はほぼ変わりませんが、数曲が新曲と入れ替わり歌の番号も変更します。しばらくぶりにテゼ共同体に行くと、聞き慣れない歌が歌われていて驚き、テゼは今もダイナミックに活きて活動する共同体であることを知ってハッとします。フランスのテゼでは、歌集の歌だけでなく、他の歌が何曲もプリントされて歌われ、詩編歌になると共同体の中核をなすブラザーたちだけで歌われ、訪問者たちはリフレーン部分だけを歌います。

（1）J. B. Santos; A Community called Taizé　ff.106.

Songs from Taizé 24

神を歌おう　喜びあふれ　終わりの日まで　おおお

Singt dem Herrn ein neu-es Lied. Lob-singt
ihm al-le-zeit, Lob-singt ihm al-le-zeit!
O o o ……

八　よろこびの泉

なぜテゼの歌を使って主の前に座り続けるのでしょう。その歌は格別にすてきです。しかし、私にとっての一番の理由は歌がすてきだからではありません。

この歌を歌って座り続けていると、心が単純にされるからです。澄んでくるからです。いらぬものがそぎ落とされ、心がシンプルになって、今生かされている自分が明確になり、そこから自分と世界を考えるようにさせられるからです。生きる原点にある直観力が生まれてきます。

完全な生活や聖なる生活を求めません。その気はいささかも持ちません。だがこの複雑な社会にあって、百パーセントでなくてもきわめて単純な心にされる時があると、これまで見えなかったものが見えてきます。人が一番大切にしなければならぬものが次第にはっきりして、自分はそれを大切にしているかと、自分自身が問われて自問自答し、歩みの方向が訂正されていきます。

それは結局、人間の命の源泉に戻ることですし、主なる神と、そのみ言葉のみ前に連れ出されることの他ではありません。

ブラザー・ロジェは、戦時中、日ごとに雑木林の中に入って賛美を歌い、祈り、シンプルに命の源泉に戻ってそれにあずかっていたから、恐ろしい秘密警察の目が光り、私服刑事の尋問を何度も受ける中でも、亡命者たちをかくまい、逃がす、肝の座った働きができたと言えるでしょう。そういう喜びの泉《ソース》にあずかっていたので、たとえ命が今とられても、テゼで始まったこの業は必ず神が続けられるだろうと、長い闘病生活から病み上がって数年にしかならない二十代半ばの青年でしたが、信じることができたのです。

彼があずかったこの源泉《ソース》に、この小さな者もあずからせていただきたいというのが、私の日々の祈りの時を至福の時にしてくれているのです。ちなみに、泉がテゼの丘の東側に実在してソースと呼ばれ、丘の降り口のゆったりした木陰や、斜面を降りた池の周りで黙想することができます。

Songs from Taizé 139

神に　わが思い集めます。あなたには光あり。
忍耐と慈愛をもって　みこころ分からぬ時も
わたしのこと　とりなしてくださる。

Gott, laß mei-ne Ge-dan-ken sich sam-meln
zu dir. Bei dir ist das Licht,
du ver-gißt mich nicht. Bei dir ist
die Hil-fe, bei dir ist die Ge-duld.
Ich ver-ste-he dei-ne We-ge nicht,
a-ber du weißt den Weg für mich.

九　多様性の一致

初めて「多様性の一致」という言葉を聞いたのは一九七〇年代。テゼを通してでした。ユニホーミティ（画一性）でなく、多様なものの美しいユニティ（一致）という言葉は取れたて野菜のように新鮮に光っていました。今ではネコも杓子も多様性。だが多様性はあっても美しい一致はなく、一致が叫ばれる所では画一性が幅をきかせています。

初めてテゼの「和解の教会」の礼拝に加わったのは、この言葉を聞いた数年後。祭壇右手の階段席で参加しながら、ブラザーたちと千人ほどの参加者でつくる礼拝に、多様性の一致とも言えるリアリティーがあるのに驚きました。肌色の多様さ、言葉の多様さ、民族の多様さ。前方と後方で少し音がずれるのも麗しく、何度もラウンドする歌の終わりがいっせいに終わらず、まだ小声で歌う人らがあると彼らを思ってもう数回歌うのも快く響きました。ここにはあらゆる小さい人への心が生きていると感じました。

時々入るソプラノやテノールも自然で、プロの演奏会と違う美しさに心がなごみました。何百人いても心が響き合っているのです。愛のぬくもりがありました。

牧師養成の大学に、盾と警棒で武装した警察機動隊を導入して学校の正常化を図った教授会。拳銃も備えていたでしょう。バリケード封鎖した学生首謀者たちへの愛をなくした告訴。再登録した私もやがて追放されました。権威主義と画一性が目立ち始め、教授らはピリピリし、愛も神学も死んで日本のキリスト教衰退の道を教授会自らが選んでしまった、と思いました。何しろ七十人ほどの稀有な力を持つ自覚的な青年たちを、キリスト教界から駆逐したのです。もう半世紀前のことですが、福音の力が、学生の問いも教授会の立場も国家権力をも、はるかに超えていることを明瞭に指し示せなかった。……あのことがあって現在があります。

そういう中で、小さいものにも目を注ぐ、「多様性の一致」を生きるテゼ共同体に出会ったのですから、心揺さぶられざるを得ませんでした。権威主義や画一性でなく多様性の美しい一致。ここにキリスト教の未来があると思いました。

そう思うと、四つある福音書もそれぞれ多様な音色でイエスを描いていました。黙示録も最終章で、終わりの日を前方に見つつ、「来てください」、「アーメン、主よ、来てください」という祈りを何度も唱えて終わっています。自己絶対化を避けて、信仰の目を今を越えて終末に注ぎ、神にあわれみを求めて手を伸ばしつつ聖書全巻の最終ページを閉じていることにも、深い意味が隠されていました。

テゼ共同体では、しばしば、「マラナ・タ（主よ、来てください）」が歌われ、「待ち望め、主の日近し。こころを主に向け」と歌って祈られるのも、多様性の一致を願うからでしょう。多様性の一致でなければ、教派を越えた一致と信頼を目指す営みは現実性を欠いてしまいます。

Songs from Taizé 95

聖なる神　強く　とこしえに
憐れみ　限りなく　我らのう－え－に
Sfin-te Dum-ne-ze-u-le, Sfin-te ta-re,
Sfin-te far' de moar-te,
mi-lu-ies-te-ne pe noi.

十　この闇も、闇でなく

先にも触れましたが、なぜテゼの歌を使って主の前に座り続けるのでしょう。むろん、ただ歌がすてきだからでも、心が洗われてすっかり清くされるからでもありません。

この闇も、闇でなく
主には　真昼のように明るい
La te-ne-bre n'est point te-ne-bre
de-vant toi:
la nuit com-me le
jour est lu-mie-re

このリアリティーが心に触れてくるからです。

最近、テゼのサイトで、数十年前のブラザーたち数人が犯した性的過ちを、勇気が要ったでしょうにアロイス院長によって明らかにされました。フランスでは、何十年も過去にさかのぼって、こうした事件を明らかにしなければならない法が制定されたのです。

肉欲の問題。これは若い男なら誰もが手を焼く難題です。女性も違った形で避けては通れません。科学の進歩で性の欲望をうまくごまかせるようになったに見えても、己の心は知っています。私がテゼ共同体に半世紀前に行ったもう一つの動機は、この問題をどう担い、乗り越えているかを、生涯の独身を誓ったブラザーたちに尋ねてみたいと思ったからです。

日本の信の巨匠、親鸞が悩んだ問題の一つは性の問題でした(1)。その苦しみは女犯《にょぼん》の煩悩。さいわい彼は恵信尼というすこぶる魅力的なパートナーを得ましたが、それでも終生この問題に悩まされていたはず。私は生き生きと活動するブラザーたちから、彼らの悩みと解決の一端を知りたいと思ったのです。だが当時の私はほとんど英語が話せず、リスニングもむろん不十分。行ってこの問題を取り上げて見たものの、不十分な会話では核心に至りません。

ただ、思いもしなかったのは、院長のロジェさんからブラザーたちの夕食に招かれたこと。と言ってもバンガロー風に建てられた詩情漂う屋上での金曜日の沈黙の食事では、ロジェさんとわずかに挨拶を交わしたものの、ほぼ何も話せませんでした。いや少しは話したのかもしれません。

　というのは、それから三十年ほどして訪れた時、ハイデルベルグから来たアンケさんという女性とグループで一緒になりましたが、金曜の昼の祈りから、皆と昔のテゼの様子を話しながら戻って来た時、突然彼女が、「マサル、あなたのことをロジェが書いているわ」と言ったのです。冗談の多いグループです。当然からかっていると思いましたが、何度も、「本当よ、今日そこを読んだところだもの」と言うのです。彼女はハイデルベルグの某出版社の編集者でした。

　思わず涙があふれました。自分のような卑しく迷いの多い魂を、あの時ロジェが心にとめて日記に書き記してくれていたのに、何も気づかずにいたことを思ってドッとこみあげてくるものがあり、体が震えました。私が泣いたので彼女と数人が立ち止まって慰めてくれました。まさかロジェが、言葉もよく通じない東洋の見知らぬ若者に心を留めて聞き入っていたとは思ってもいなかったのです。

「この闇も、闇でなく、主には真昼のように明るい。」テゼの歌を歌って祈りを始めると、心がいかに闇に強く捕らえられていても、闇も闇でなくなり、真昼のような明るさが支配し始めるのです。

---

(1) 佐古純一郎『パウロと親鸞』、一九八九年。

十一　柔にして剛

「わたしの闇に語らせてはならない。(1)」このひと言が示すように、ブラザー・ロジェは意志の人でした。物腰は優しく穏やかで慈愛に満ち、いたって柔軟に見えました。人の話に温かく根気よく耳を傾け、話し手よりも核心を深く捉えて柔軟な発想ができる人であったと思います。和解の教会では、子どもたちを伴ってブラザーたちの最後尾に座る、仕える人でしたが、彼の書物からはときどき強靭な意志を感じました。若い頃の彼には、もっとしばしばそれがありました。

と言っても硬直して折れそうな強さでなく、柔にして剛を感じさせられる大人の強さでした。その源は、私たちがキリストを見捨ててもキリストは私たちを見捨てられないことへの、強い信頼にあったのでしょう。

柔にして剛と書きましたが、その柔軟な態度は、若くして書いた「暫定的であることのダイナミックな力」という論文にも現れています。一種の旅人性、旅人の神学をもってダイナミックに生き、人にも時代にも生き生きと当たっていました。強い意志を持ちながら自分を相対化できた人です。

「わたしの闇に語らせてはならない。」人間は皆、多少なりともカラマーゾフ的な深きけがれを持っています。悪魔と神の戦いの戦場が人間の心です。そうした中、ロジェは光に語らせ、光を堅く信頼する意志を持っていたので、諸教派を越え、言語の壁を越え、国の違いを越え、百人以上のブラザーたちを共同体にひき寄せるとともに、大都会だけでなく、辺境の地に生きる世界の無数の若者たちをフランスの田舎村にひきつけることになったのでしょう。

人の弱さ（フレイル）と壊れやすさ（フラジャイル）を知る人でしたが、情況が悪くても運命論を選ばず、それにめげずに運命を越えようと励ます人であり、善の力は悪の力よりもはるかに強く、根を深く真理におろしていることを知っていて、敗北主義にはノーを語る人でした。彼はイエスによって希望のしるしがどこかにあることを見ていました。彼の部屋に来た人は、ドストエフスキーが語ったように、「生きることの不安や恐怖の表情で彼の所に入って行っても、出ていく時は皆、喜ばしそうな明るい顔つきになっていた」(2)でしょう。ブラザーたちは、彼がそこにいるだけでなぜか希望が湧いてきたはずです。

その姿勢がテゼの歌に静かに現れ、これらを歌うと、知らず知らずのうちに誰の心にも望みが湧いてくるのでしょう。

（1）Brother Roger of Taizé Choose to Love. P.134.
（2）ドストエフスキー著『カラマーゾフの兄弟』米川正夫訳

Songs from Taizé 115

平和と正義　聖霊の　喜びあふれる
主よ　み国を　来たらせたまえ

The kingdom of God is justice and peace and
joy in the Holy Spirit. Come, Lord, and
open in us the gates of your kingdom.

十二　ソース

あなたは自然派志向ですか。時々里山をリュックを背負って歩き、子どもらと風を切って川の土手をサイクリングし、時には遠出して山に登り、海辺でゆっくり夕日を眺め、自然を友とし自然を愛する人。

特別な自然派志向とは言えませんが、テゼには、自然豊かなソース（Source）があります。泉と言えばいいのでしょうか、それとも源、源泉と言えばいいのでしょうか。恐らくそこは、昔、ロジェがユダヤ人亡命者らのために、一日に何度も飲み水をくみに上り下りした泉です。そこには、中世よりもっと昔から、付近を通る旅人たちが木陰で休み、渇いたのどを潤して、再び旅を続けた新鮮な泉が湧きだしていたのです。ロジェはまた、この泉に降りる林で、一日に三度、いつもただ独り歌を歌い祈っていたでしょう。ソースは、テゼの祈りの源泉であり、亡命者という隣人たちの命を支える命の源泉となっていた場所です。

そして今、テゼに滞在する人は、時間を見つけて丘の東面にあるこのソースに降りて行きます。Silence の表示があり、語らっていた人とも話をやめ、丘の斜面を滑らぬように、それぞれ何かを考え、物思いにふけり、黙想しながら命の源泉へ、祈りの源泉へとテゼの泉に向かって降りて行きます。

丘を降りると視界が開けて、やがて周囲四百メートルほどの池に出ます。日本だとひょうたん池と呼ばれるような形です。真ん中のくびれた所で水すれすれに橋がかかり、橋の上に若者らが腰掛け、足をブラブラさせて遠くを見、近くを見ながら静寂を楽しんでいます。野ガモが泳ぎ、夏場はギンヤンマが飛び交い、季節になるとガマの穂が長く伸びます。

池の手前に、正教会の小屋風の祠《ほこら》があり、イコンが飾られています。池の周りの緑の草原《くさはら》に寝そべって読書する人、黙想する人、ノートに何かメモしている若者たち。ここはテゼの祈りの源泉。自らの存在を思う源泉。青い水の惑星が来った源を黙想している人もいるでしょう。

丘の壁から小さな泉が湧いて、季節によっては小さな滝になります。白と赤の夢見る睡蓮が咲いています。ここがソース、泉、源泉と呼ばれている所です。

妻は、このソースが大事よ、と言います。確かにここに来て、被造物の源に思い至ります。私たちの命の源はどこにあるかを改めて思います。信仰者も、無信仰者も、他宗教の人たちもすべて、人の内にある命の源について黙想に導かれ、考えを深めさせられるのがこのソースです。万人の命は皆、同じ命の源につながっているのです。

この命の源に立ち帰り、そこから家族の不和、友との摩擦、自分の将来、心と魂と内面の解決できない悩み。政治や経済、芸術、環境問題、現代科学の問題、戦争と平和、難民問題、貧富の問題などを考え、人の間で生きる私たちの分かち合いの問題を考えるのです。

その考えはすでに祈りの入り口です。ともに同時代を生きる人たちとどう生きるのか。手をつなぐのか、手を払うのか。一回だけのこの命を、どう使おうとするのか。

「主よ、あわれみたまえ。キリエ・エレイソン」と歌う、人類に共通する祈りが、テゼでは毎日三度、歌われています。

十三　テゼ友の交流

テゼで出会い、長く交流が続く人たちがいます。クリスマス時期になり、最初にデンマークの引退間近いご夫婦からメールが届くと、カナダからドイツからイギリスからアメリカからと世界中を駆け巡って、近況と来年のテゼ訪問の計画を書いてよこします。皆でまた集まろうよ、というのです。

今年は、礼拝後に出した私たちの発信に始まり、時差に従い次々、彼らの教会で開かれたクリスマスの模様や個人的なニュースが、メッセージとともにみるみる地球を一回りして、かっきり一日回りました。

ドイツの牧師は、庭に落ちた巨大な明るい星の写真を添付してきました。何のことはない、立体的な巨大な星のイルミネーション。テゼで結ばれたポルトガル人とドイツ人の夫婦は、五十歳近い高齢出産で与えられた子どもとおばあちゃんと四人で撮った若々しい写真を添付。アメリカからは動画のすてきなクリスマス・カード。カナダからは、フランス語で私の読めない動画メッセージ。ブレクジットのイギリスから、今年もすばらしいスピリチュアルなメッセージが届き、思わず、アーメンと言ってしまいました。

テゼは、主として、三十五歳までの青年たちに集まってもらおうといろいろな企画をたてています。夏の一時期は、それ以上の年齢の人はなかなか入り込めず、ちょっぴりねたみます。

テゼ友の一人は、長い休暇には、教会の聖歌隊を率いて各国に演奏に出かけ、貧しいアルメニアにコミュニティ・センターを建設するためボランティアで働いています。イギリス人は、アムネスティ・インターナショナルで働いてきた人。視点は鋭く、鋭いとともに重荷を持つ弱い人に温かです。クリスマスやイースターのシーズンにはいつの間にか彼女のメールを待っています。ドイツの牧師は、毎年夏に青年らを連れてテゼに行きます。身軽で活動的、頭の回転が速い気さくな牧師で、仕切り名人。州教会の重要な役を担っているようです。カナダ人夫婦はベルギーにもアパートとキャンピングカーを持ち、今はどこにいますか、と毎回皆から尋ねられます。他にもハンガリーの女医さん、障がい者施設で働く今は少し音信不通の悩めるドイツ人、五か国語を巧みにあやつる観光ガイドのイタリア人女性、ポーランド人、メキシコ人など、テゼは各地のすてきな人を人生に与えてくれました。この友らが、日本だけでは狭くなる私の視野に、大きな視野や異なった視点を授けてくれます。

この本の出版を企画中、二〇一九年十二月末に武漢で発生した新型コロナウイルスが世界的パンデミックに陥りました。予防ワクチンも治療薬もないため四月中旬の今も終息の兆しが見えず、全世界の人たちが戦々恐々としています。

イタリアのテゼ友らが、ちょうどその国でコロナが最も猛威を振るうロンバルディア州にいて、二月にまずコロナのことで近況を尋ね合いました。四月上旬には、イタリアの医療従事者一万人以上が感染、百人以上の医者が亡くなり、医療崩壊が起こってさらに増加していました。中旬のメールでは、彼らの家族は今はまだ無事とはいえ、死の使いがごく近い近所をうろつきまわっている様子がひしひし伝わってきました。彼らのために心から祈らざるを得ません。他のテゼ友たちからも、早い時期から礼拝が中止されたと知らされました。

こんな時、テゼ共同体は「和解の教会」を三月中旬から全面閉鎖し、いち早くインターネットでブラザー五、六人の礼拝を配信し始めました。テゼはこうした時も自分にひきこもらず、弱い人や不安におののく人、さらにホームレス、そして世界の人たちと連帯しようと呼びかけ、分断をあおるのでなく、キリスト教徒同士だけでなくすべての人と励まし合おうと呼びかけました。

院長のアロイスは、四月のイースターのメッセージで、このパンデミックは神の裁きではなく、全人類に対し、「目覚めて連帯」するようにとの神の呼びかけであること、また世界は非常に遠くまで達する変革が必要だと述べて、例えば軍事に投じられる世界の膨大な資金の一部分を削れば、人権を奪われ人間として正当に扱われない人たちの尊厳を守ることができると語りました。またその後の文書では、フランシスコ教皇が二〇一五年に出した回勅『ラウダート・シ』を引用して、私たちはあらゆる生き物と「眼に見えない絆で結ばれ、一種の宇宙的家族を形作っている」と語って、コロナ後の世界は再び消費文化に戻るのでなく、最貧の国々や極貧の人たちと連帯するとともに地球環境を守るべきだと発信しています。

危機の時にも商業ベースの安易な情報に翻弄されず、神の前に深く沈黙して生きる人になりたいですね。テゼの説く信頼は、だまされやすくあることではありません。コロナ時代でも、最も大きい災いは、「愛なきこと」(1)です。

十四　神のユーモア

ブラザーたちは、この共同体に全生涯をささげました。百人を越す大の男たちが、一日三回、神を賛美する朝昼晩の単純な祈りの生活に人生をささげているのです。

「和解の教会」でブラザーたちと一日三度の祈りの礼拝をしていて、突然心にこみあげてくる熱い思いは、ここに、一切の名誉を離れ、ただキリストを賛美するために、一生を神にささげた素朴な男たちが百人もいるという事実です。彼らは世界の人たちをひきつける妙薬を持っているわけではなく、テゼにあるのは彼らをもここにひきつけた眼に見えな

(1) *Living for Love* P.30.

い磁力だけです。しかもブラザーたち自身も、どうして世界の青年たちはここに来るのだろうと不思議がります。

ここを訪れる青年らの中には、ブラザーたちの生涯にわたる献身に圧倒される者たちがありま す。若い感性でブラザーたちの献身を考えれば、この愚かに見える行為に一生をかけるのは、刺激の多い激動の社会から見て、気がふれる行為と思わずにおれないのでしょう。

ブラザーたちはこの世嫌いや世捨て人としてここにいるわけではなく、むしろ日に三度、神の前に座り続けることに、神と人類への喜ばしい奉仕があると考えているのです。この三度の祈りはすぐれて隣人愛の生活なのです。それが、テゼ共同体が指し示そうとする、「神の国のたとえ」を生きるという特別な使命です(1)。

ブラザー・ロジェが男子の共同体を作ろうとしたのは、少年時代に家庭で受けた教育にさかのぼります。その頃、一家が集まって一冊の書物を大きな声で読む習慣があり、サント・ブーブの書いた、『ポール・ロアイヤル』の歴史の抜粋が読まれることもありました。十六歳のロジェは、ブレーズ・パスカルの妹も含む女性たちが数人、パリ郊外の修道院に入って共同体を作り、そこに短期長期の滞在と研究をする男性たちが集まってきたのを知って、男性たちもまた、そのようなキリストのために自分をささげる共同体を作ることができると考えたのです(2)。

古今東西、家庭は子どもらの身体とともに魂を育み養う場ですが、彼の将来を決するこのような小さな良い種が、スイス・アルザスの片田舎の牧師館で、少年の心に蒔《ま》かれたのです。

テゼの村に、どうしてこれほど多くの青年たちが集まって来るのか。さまざまな研究者たちが分析していますが、いまだその原因は突き止められません。ブラザー・ロジェ自身が、その理由は分からないと笑って語るのが常でした。

そこにあるのは、ただ神のユーモアかもしれません。ベツレヘムの羊飼いたちに、なぜ神の御子の知らせが世界で最初に届けられたのか。今も真相は分からないのと同様、です。人はいろいろな新説を立てて不思議な現象の表層をなでますが、本当のことというのは、いつも神秘のベールで包まれています。そこにあるのは、人知を超えた神のユーモアだけです。

（1）Taizé. A meaning to Life. By Olivier Clément.
（2）Choose to Love. P.26.

Songs from Taizé 148

主に委ねよ恐れるな　主の平和　共にあり
守りたもう　アレルーヤ　アレルーヤ

Fi-ez-vous en Lui, ne craig-nez pas. La paix
de Dieu gar-de-ra vos coeurs. Fi-ez-vous
en Lui. Al-le-lu-ia. Al-le-lu-ia.

十五　エキュメニズム

「エキュメニズムは、そこで和解が先延ばしにされていくとき、架空の希望を生み出します。[1]」テゼ共同体の主題の一つは、分裂したキリスト教諸教派の一致をめざすエキュメニズムです。

ロジェの父はスイス改革派の牧師でしたから、少年ロジェは、カトリック教会に出入りする父の姿を目にして驚きました。父が祈るためにカトリック教会に行っていると知ったのです。そこには改革派神学だけに留まらず、スピリチュアルで、神秘的なものを求める父親の姿があったようです。

ロジェのエキュメニズムに大きな影響を与えたのは、母方の祖母でした。第一次世界大戦中に、二つの小型爆弾が彼女の家に落ちても彼女はそこから動かず、そこを老人や子どもや妊婦らの避難所にして彼らを世話したのです。さらに危険が迫ってやっと重い腰を上げ、最後の列車で彼らとともに家畜車両に乗ってパリを離れました。

この祖母が戦後繰り返して強調したのは、二度と誰も自分がなめたような経験をすべきでないこと。キリスト教徒が互いに武器を手に分裂して戦う、「次の戦争を避けるために、少しでも和解すべきだ[2]」と語ったことです。

強い愛の意志をもつ彼女は、宗教改革から延々と続くプロテスタントの牧師家庭の出身でしたが、和解の切なる願いからカトリック教会に出席し始めるのです。ただ刹那的な思いつきでこういう行動をしたのではありません。彼女の家には、プロテスタントへの迫害時代に使われていた、牧師が身を隠すための秘密部屋さえ造られていたことからも分かります。

こうして、時代に翻弄される最も苦難を負った人々をもてなすことと、自分の中でプロテスタントとカトリックの両者の和解を実現するという祖母の二つの願いが、ロジェの生涯に影響を与えるのです。

当時のヨーロッパには、諸教派の敵対、信徒間の憎悪が根強くありました。プロテスタント教会のそばを通るだけでも悪魔の巣に近づくことだと忌み嫌って、遠回りする人々もいました。だが彼の家庭には、すでにそれとは違う風が吹いていたのです。

さらに彼の十代の下宿先が、夫を亡くし貧困に陥っていたあるカトリックの未亡人の家庭で、彼は、その夫人と家族の信仰の姿に心打たれたこともエキュメニズムへの思いを促したでしょう。父の教会の信徒宅でも下宿ができたのですが、両親は息子の下宿先に、この貧しいカトリックの信徒宅を選んで、その家庭を助けたのです。

日本の場合、ロジェや彼の家族が経験したようなエキュメニズムへの強い必然性がありません。そのため、運動にはなっても切なる必然性になり難く、エキュメニズムも西洋からの輸入品になりがちです。

それをどう超えていくか。それには、もっともっとイエスそのものに帰り、ボンヘッファーが書くように、イエスが語る一致の言葉に強く促される信仰者である必要があります。(3)(4) また、イエスを基に、教会組織や狭い各個教会主義という守りの殻から抜け出ることも必要でしょう。

祖母の影響は、エキュメニズムとともに他の影響をもロジェに与えました。それが祖母の願いであった、もう一つの戦争を回避してヨーロッパに平和を構築することでした。この働きが、ＥＵ形成に民衆レベルで貢献することになったのです。

だが近年、世界経済危機や大量難民の流入で、ＥＵ諸国間に亀裂が目立つようになり、イギリスはＥＵからの離脱に向かい始めました。ＥＵは今後険しい道を行くことが予想されますが、テゼ共同体は各国の特殊な事情を踏まえつつ、長期的なスパンをもってさらに根気よく和解と信頼の巡礼に向かっています。[5] 一九七〇年代以降には、テゼは追い風を受けましたが、今後は逆風が吹く可能性もあり、これからがテゼの真価が発揮される時かもしれません。事実これまでにないいろいろな逆風が世界に吹く中で、二〇二〇年の初頭、世界の若者に向けて書かれたアロイスの手紙はさらに格調高さを帯びています。さあ、これからが楽しみです。

（1）*The Source of Taizé* P.27『テゼの源泉』植松功訳 四八ページ。
（2）Choose to Love. P.24 2007.
（3）ヨハネ十七章。
（4）*A Community Called Taizé* P.129 J.B.Samtos.
（5）Brother Alois. Proposals 2020; "Always on the move, never uprooted."

Songs from Taizé 2

待ち望め、主の日近し。こころを、主に向け。
Wait for the Lord, whose day is near.
Wait for the Lord, keep watch,
take heart.

三章　追想のブラザー・ロジェ

Songs from Taizé 140

憐れみつきぬ主　癒やしを与え　あなたを決して
捨てず　活かしてくださる

Il Sig-no-re ti ri-sto-ra. Di-o non
al-lon-tana. Il Sig-no-re vie-nead
in-con-trar-ti. vie-nead in-con-trar-ti.

一　インタビュー（1）

永久に記憶されるであろう、あの衝撃的な二〇〇五年八月十六日の夜から五年がたち、テゼのホームページに、ブラザー・ロジェのインタビュー動画が次々載せられました。ブラザーたちの住まいがある緑の木陰豊かな庭で、ありし日のロジェは、思いを一つ一つかみしめながら、にこやかにインタビューに答えています。九十歳近く、ゆったり話す晩年の顔は輝いていました。

ロジェは、子どものような感性を晩年まで持ち続けていました。何回かのインタビューからコメントをつけて紹介します。

＊＊＊

「福音書には、霊的な指導者になるようにとの呼びかけはどこにもありません。男性でも女性でも、自分は霊的な指導者だと人前で公然と語るようになる時には、すでにその力を失っています。それはどこか間違っているのです。」

「私は自分自身にそう語っています。私は誰に対しても決してそう言いません。それは、事実そうでないのに、自分に強いてそう語らせているのでしょう。」

「私たちは誰しも道を求める求道者です。神のリアリティーに対して尊敬をもって生き、一つの発見から次の発見へと行かなければなりません。全生涯をかけてです。そして、私たちがもっと年寄りになった時でも、この発見のほんの取りかかりにいるということを、私たちは知っています。」

「ですが、やがて理解する時がやって来るのです。その日は来るのです。永遠の日が。その日、私たちは顔と顔とをあわせて完全にあい見るようになるでしょう。それは、自分の死を迎える日です。その日は来るのです。そして、私たちは理解するのです。」

ブラザー・ロジェはいつも、権威的なところから身を引いていました。青年たちと一緒に歩き、新鮮な感性を持つ彼らに聞き耳を立て、この時代をどう生きるかを一緒に考えてきました。八十歳になろうが、九十歳に近づこうが。

その生涯は、世界の声に耳を傾け、特に次代を担う青年たちの声に聴く奉仕に徹していたように思えます。和解と信頼を世界につくり出すテゼ共同体の使命は、この聴く奉仕を堅持してきたと言っていいでしょう。

＊＊＊

「私は確信を抱いて生きています。というのは、福音書は、すべての人の中に神の似姿があると語るからです。あらゆる人の中に泉が存在します。隠されていますし、目に見える泉ではありませんが、存在するのです。神は、人類すべてにこの賜物をお与えになっています。」

「信仰を持たない方々にこのことを語るとき、私はためらいがあります。というのは、その人に神を押しつけることになりはしないかと思うからです。人が心の中で同意しないなら、決して無理に入って行かれない聖霊を、押しつけることになりはしないかと思うからです。」

「福音書の中にはすばらしいイメージがあります。キリストはあらゆる人間の一人ひとりのところをお訪ねになって、その心の扉を叩いておられます。心の戸を、私たちの存在の深い所にある戸を。でも、お入りくださいと私たちがイエスに同意しないなら、お入りになりません。イエスは、誰かを無理やり占拠したりなさらないのです。強制したりなさいません。」

「人間は、自由という点において神の似姿をたくさん持っています。とりわけ自由を、です。信仰を強制したり、私たちの命の足元にあるものを強制したりするのを意味することがあっていいとは、私は思いません。」

ここには、キリスト教が語る自由の精髄がある気がします。こうした自由から逸《そ》れるとキリスト教は形骸化します。命をなくし権威主義になるのです。今、日本のあちこちの教会に現れているのがこの形骸化した権威主義や管理主義です。

しかしキリスト教本来の自由な空気が生きて働くとき、そこには比類ない、寛大で、伸びやかな、明るい精神と空間が現れます。誰もが同じレベルに立っています。

テゼ共同体がある丘に漂っている空気は、この心地よい空気です。全世界の若者たちは、このすがすがしい空気にひかれ、はるばるあらゆる大陸の果てからやって来るのです。重い山行きのザックをかつぎ、寝袋と敷物のマットを持って、いそいそと。そして誰もが、まるで以前からの知り合いであるかのように、明るく挨拶を交わし仲間に入れられていくのです。

＊＊＊

「テゼにやって来る人たちに、私たちが最も望んでいることは何でしょうか？

私たちは、彼らが耳を傾けられ、聴かれている者であるということを知るように望んでいます。彼らは、アドバイスや、命令や、その類いのものを受けるために、ここに来るのではありません。そうではなく、彼らは聴かれるためです。私たちやすべての人たちによって耳を傾けられることにより、それは愛であり理解されることですが、何かが自由に解き放たれるためです。」

「私たちは、知らなかったことを少しずつ発見するでしょう。知らなかったこととは、私たちが祈っていることとです。私たちが知らなかったこととは、私たちの唇は閉じていても、キリストが私たちの中で祈っておられることです。私たちが知らなかったのは、こうです。私たちは、自分には厳しいという傾向を持っていますが、神は決して、私たちに重荷を持って苦労させようとして来られるのではありません。

ヨハネの手紙に、私たちの心が自分を責める時にも、神は、私たちの心よりも大きいという言葉があります。これは偉大な発見です。これは福音の真理です。

だが、これらの言葉は聖書を通して語られ、私たちのところに来たのです。キリストのこれらの言葉が私たちのところまで来たということは、驚くべきことです。

あなたの心があなたを否定する時にも、神はあなたの心よりも大きいのです。神は、あらゆる事柄を知っておられます。

恐らくテゼ滞在中の一週間で始めることが可能な第一歩は、神の恵みという、神によって与えられたものが存在することを少しずつ悟ることです。神が私たちすべてにお与えくださる大切なものは、平和です。心の内なる平和、心の平和です。」

確かにテゼに行くと、誰もが興味をもって聞き耳を立ててくれます。どんなことを話してもいいし、告白してもいい。どんなに懐疑的な人も受け止められます。だからでしょうか。むろん、すべての仕事や勉強から解放されているからでもありますが、誰の顔も輝き、伸び伸びと日々を過ごしています。テゼの丘には、神の温かい大きな手が働いているように感じられます。すべての大陸から集まって来て、言語も生活様式も違うのに、なぜか一つであることができます。

こう言うと、テゼの丘は現代のエデンの園に聞こえますが、人が生活する所には必ず光とともに闇が付きまとい、弱さと暗闇が、また罪も必ずあります。テゼがエデンの園というのでなく、ここには神の恵みに目を向ける人が多くいて、エデンの譬《たと》えが日々新しく戦い取られているに違いありません。

＊　＊　＊

「人は誰しも、何かの機会に、『どうして私の中にこのような非理性的な衝動があるのか』と、自分自身に問わなければなりません。私たちは突き動かす衝動をコントロールしなかったり、コントロールできなかったりすることがあります。

どうしてこうした暴力が心の内面にあるのでしょう。

そうなのです。暴力的な内なる力なのですが、それは非常に大きな価値を持っています。その力が他の人たちを支える生き生きとした愛になる時には、価値あるものになります。言いかえれば、他の人たちのために自分を忘れるところまで行くときに、そのような価値が生まれます。

私たちは、キリストに根ざして他者のために生きるように求められます。それは教育の事柄ではなく、心を切り変えることであって、これまでもそうでしたし、今後もそうでしょう。

AD四〇〇年代に書かれたアウグスチヌスの著書や、もっと古い、人類のあけぼの時代に属する書物を読むなら、この世には何も新しいものはなく、内面にある暴力的な心は憎悪へと退行し、嫌悪へと堕落することが分かるでしょう。

そして、憎しみは戦争や殺戮や内的な横柄さなどあらゆるものをもたらし、『俺たちは常に正しい。物事をはっきりと見ている者たちだ』という、横柄な態度をもたらすのです。」

福音は、私たちの心の中を照らします。憎しみや非理性的な闇の衝動の嵐が、どんなに内面深く吹き荒れているか、そのことをごまかさずに照らしてくれます。福音は心の「闇」を照らしてくれるのです。『テゼの歌集』八番は次のような歌詞です。

＊＊＊

♪主のみ言葉は闇を照らす光、主よ主よ
私の闇を、主よ主よ、照らしてください♪
C'est toi ma lampe, Seigneur …

いかなる闇をも照らしてくださるみ言葉を信じて、「主よ、照らしてください」と求めていけば、脆《もろ》く弱い自分にも絶望させられず、闇の力から救い出されることでしょう。

＊＊＊

「子ども時代には、人は、汚れのない部分をたくさん持っています。しかし誰も望まないのに、汚れを持たない小さな子どもが傷つけられ、予想もしなかった出来事で傷つくのです。

あらゆる人間は、年齢はまちまちですが、これらの傷ついた出来事から始まって、自分では意識しないまま、自分を守ろうとする仕方で創造的なことを行うものです。

しかしまた、傷つけられた出来事は、しばしば憎しみになってしまうことがあります。

しかしながら、すべての女や男、すべての子どもたちなど、すべての人は自分で探求を始めながら、やがて憎しみと暴力から自分自身を解き放つことを始めなければならないことを理解する必要があります。そしてまったく単純に、心からの信頼を抱いて耳を傾けるという、小さな道を発見することが必要なのです。

自分は間違っていない、正しいのだと言い張るのでなく、自分自身の正当性を固持して他の人を疲れさせるのではなく。

そうではなくて、他の人は、自分が少しも知らない条件の中で暮らしているかもしれないとの確信をもって、他者に耳を傾け続けるのです。」

ブラザー・ロジェは、命令する人でなく耳を傾ける人。世界から毎年、何千何万の若者たちが、内面の促しをもってフランスの片田舎にやって来ますが、彼らの指導者であろうとするのでなく若者とともに捜し求めて歩みました。大人も、子どもや青年たちに耳を傾けることが必要だと、ロジェはよく語りました。

私たちは、時々人の靴を履いてみることが必要です。そうすれば、他人が自分とはどんなに異質な存在かが分かるはずです。

＊＊＊

神の美しい召命

「『ディオグネトゥスへの手紙』の一節が、なぜそれほど重要なのでしょうか。彼は、『キリスト者に与えられた召命は、非常にすばらしいので、私たちはそれから逃げることができないのです』と書いています。一体何から逃げるというのでしょう。

ああ、そう、神さまの召命の中心である、愛から逃げるということですね。愛をもって責任的に存在することから逃げるのです。

愛にはいろいろな行動があります。私たちがヒューマニストと呼ぶ行動をしたり、人々の貧困や圧制や内面の悩みを解決し、自分の悩みより他の人たちの悩みを解決する行動をしたりすることなどです。

それで、この一節はキリストが亡くなってから二世紀後に書かれたこと、そしてキリスト者の召命は大変美しく見えることを知れば、それらは私たちのためらいをまったく追い払ってくれるのです。」

＊＊＊

「私たちは、自分の生活において、すっかり単純になって生きるとはどういうことかを知りたい欲求を心に抱いています。それは単純な心になることであり、他の人との関わりにおいて単純になることです。

それから、人を信頼すること。さまざまな出来事が起こる中で他の人を信頼することです。

私たちの生活は、本当になんと多様な出来事から成り立っていることでしょう！　そのため、私たちは、相手へのきわめて深い信頼をもってお迎えしたいと願っています。私たちはその人を愛したいと思っているのです。私たちが迎える人たちを愛したいと。ですから、私たちの心から湧き出る信頼を持ってその方々を歓迎したいのです。

私たちは、お会いする人たちについて、あまりよく知らないことがしばしばです。でも、その人たちはそこにいて、ご自分の問題を持っておられます。そして、ご自分が置かれている状況をどう扱っていいのか分からず、悩んでいらっしゃるわけです。それで私たちはその人にできるだけ耳を傾け、多くの場合、こちらは話さずにじっと聞き入って、できるだけ理解したいと思っています。ええ、その人のことを、ぜひ理解したいのです！

人は誰しも理解されるなら、その時、その人の中に、単純さと、信頼という、真実がわずかであっても生まれ始めるでしょう。」

＊　＊　＊

「共同体に必要なのは内面の喜びが存在してい

ることです。しかも、はっきりした喜びがそこにあることが大事です。

私たちが、『なんてすばらしいことでしょう。自分たちは、愛する人たちのために美しい生活をつくっています』と、どんな時でも言えるような何かをその所に見つけるなら、ともに生きる私たちの生活はうまくいきます。

私たちはおそらく、物質的条件にたいへん制約を受けています。ただそれは、私たち共同体の外の人たちには無関係なことです。むろん恐らく物質的な意味では制約がありましょう。でも、私たちがいつでも人々を迎えることができる限りは……それでいいのです。

子ども時代に持っていた魂を、神が私たちすべてに、大人になった今も授けてくださるようにと願っています。このことは、私たちが夢を失った者たちであるということではありません。いいえ、私たちは皆、夢を失っていません。

子ども時代の心の単純さを授けてくださるようにということですね。そうした子ども心は、誰しも心のどこかに残っているものです。私たちはあらゆる時に目を覚まして物ごとを見たいと願っています。あの人やこの人に会いたくないと思う時には、いつでも私はこのことに心を留めています。

自分はある人を理解する力を持っていないとか、特にその人の問いに答える力がないと。ええ、答える力を持っていないと思って、戸惑っているのです。自分に一体何ができるのだろうか、まったくあいまいな対話になるだろうと。ところがそうではないのですね。私たちは自分自身の中に、何かうっすら残った記憶のようなものを発見することができるのです。それは子ども時代の心を反映したものであるわけです。それで十分なのですよ。あなたはそこから前進できるのです。心配いらないのです。」

インタビューには、ロジェの興味深い姿がにじみ出ていておもしろく思います。私はかねがね、ドストエフスキーの『カラマーゾフの兄弟』のゾシマ長老やアリョーシャとブラザー・ロジェの資質の類似に興味を抱いています。両者にある権威的でなく若者に耳を傾け、聴くという奉仕。彼らと同レベルに立って謙虚に真理を求める姿勢。一時的な熱狂でなく歴史の中を継続的にダイナミックに進む旅人性。心の深い傷や汚れた魂の救済。さらにキリスト教を超えた、全人類を大きく包む救済の視点など。ロジェは長く結核で伏せ、小説家を目指した青年時代があります。このロシア人作家の影響がその頃から魂に深く刻まれたのでしょうか。ロジェが抱くロシア正教への親近感とも関係しています。おもしろい研究テーマです。

＊＊＊

「その頃の、私の個人的な内面生活には、一つのキーワードがありました。それは『自分を受け入れる』ということでした。たとえ、誰も望まない状況であっても、自分自身の状況は受容しなければなりません。

自分を受容する時、自分に耳を傾けるでしょう。自分の状況に顔を背けない場合に、自分とは何者かが分かります。ええ、そう、決して顔を背けないのです！　自分に顔をそむけていては何かを建設できませんね。それは自分を破壊してしまいます。一番大事なものを失ってしまいます。

自分を受け入れるのです。自分の状況を受容しなければなりません。その時に分かります。あらゆることが分かります。……いや、あらゆることと言うと大げさかもしれませんが、私たちは誰も、他の人のあらゆることを理解することはできません。

私は多くの本を……心理学の書物を読みました。でも分かったのは、心理学は解決にならないことでした。心理学を理解するのは私には難しくありませんでした。ええ、そうです。それは人間の心のありさまを、現代の男性であれ女性であれ説明してくれる学校です。でも解決にはならない。ならなかったのです。

あまりにも組織的であるのは、私は好きではありません。それには耐えられないのですよ。あまりにも信仰を組織立てる人たちにとっては、それはむろん正しいことでしょう。そういう人たちはどうして組織化できるのでしょうか。

自発的な意志から生まれるあらゆる局面があります。内面や心の生活やちょっとした魂の生活です。……

後になって、もっと立派な言葉を幾つも学びました。聖書の言葉からです。こういう言葉です。『眠っていても、わたしの心は目覚めていました。』（雅歌五・二）

ある意味では、私たちは理解していません。聖書にあるものを知りません。新約聖書の中の多くのものを理解していません。

でも前進するには十分です。いつも前進するには十分なのですよ！」

Songs from Taizé 135

わが平和　あなたがたに　わが平和さずけよう
おそれることはない

Frieden, Frieden hinterlasse ich euch.
Meinen Frieden gebe ich euch.
Euer Herz verzage nicht.

（1）以上のインタビューは Taizé web site で 2010～2011 に掲載されたもの。
https://vimeo.com/channels/taizecommunity/page:7
https://vimeo.com/13575193

二　母の思い出

ブラザー・ロジェは、穏やかでユーモアがあり、人を温かく包み込み、聖書を独特な視点から解釈して生きました。多くの言葉を語りませんでしたが、先に書いたように、自分が生きていないことは語らず、生きていることだけを語って、その温かな言葉は人の心を溶かしました。

ロジェのある本に、自分の母について書いたくだりがあります。ほぼ次のような内容です。

母は宗教改革時代から続く牧師の家庭に生まれ育ちました(1)。彼女は子どもらに生きる喜びと心の優しさを証しする人と言ってよく、どんな人にも寛大で、親切で、家庭では他の人を嘲る言葉や裁く言葉が聞かれることはほとんどなかったのです。

子どもたちを深く信頼していたので、子どもらが、自分自身を信じられないほどの厳しい試練を受けても、「あなたは自分自身を信じていいのです」と語って励まし、自信を与えたのです。九人の子どもたちを一人ひとりそのように育てました(2)。

そのため母の周りには、いつも穏やかな平和の香りが薫っていました。

どうしてでしょう。それは、彼女には過去に厳しい試練の経験があったからです。それで、何か困難なことが起こると、いったん心が静まるのを待つようになったのです。そして、一息入れて気持ちを整え、しばらくして、まるで何も起こらなかったかのように、ただ単純に何か別のことに話題を変えたそうです。彼女は少しも熱狂的なところがありませんが、心の底には、非常に深い喜びが流れていました。

そのため、彼女の心にはいつも平和があふれているように見えました。ところが彼女はある時、末っ子のロジェに、「あなたは、お母さんはいつも心の内に平和があると考えているでしょう。でも違うの。ひどい闘いがあるのよ」と語ったそうです。

ロジェは、このような思い出を綴って、「私の母は、私に対して喜びと心の優しさの証人になりました」と書いています。

ロジェのあの穏やかな態度は、母親譲りの、意志で「戦いとった」心の平和だったのではなかったかと思います。お母さんは、自分自身と格闘して戦いとった平和をもって生きましたが、末っ子のロジェも、母親の最良のものを学び取っていったに違いありません。ロジェの平和な人となりは、少なくともここに一つの源がある気がします。

そして、テゼ共同体全体に満ちている、世界の若者たちを魅了しているあの落ち着いた平和にも、宗教改革から間断なく続く牧師家系から引き継いだ、ロジェの母親の精神的な遺伝子が、色濃く流れ込んでいると私は考えています。

(1) Kathryn Spink: *Universal Heart* P.2.
(2) Brother Roger of Taizé. *Choose to Love* p.15.

Songs from Taizé 138
み名をほめよ　主のみ名を　今も　のちも　とわに
Sit nomen Domini sit benedictum.
Nunc et in saecula benedictum.

三　マザー・テレサの思い出

マザー・テレサは二度にわたってテゼを訪れました。視察でなく、彼女自身がテゼにおいて新しい力を授けられるため。忙殺される仕事からしばらく退き、復活のキリストに触れて、さらにその業を続けるためであったようです。

ブラザー・ロジェは、マザー・テレサが二〇〇三年に列福の栄誉を受けたとき、衷心からの敬意をもって以下のような文章を記しました。

「私たちは、光と闇が交錯する世界に生きています。マザー・テレサは、その生涯の歩みを通して、人々が光の道を選びとるようにと勧めました。こうした仕方で彼女は、多くの人たちに、聖なるものに向かって行く道を拓きました。マザー・テレサは、キリストから四世紀後に、『愛しなさい。そしてあなたの生活でそれを語りなさい』と書いたアウグスチヌスの言葉が、どういう意味であるかを、私たちに理解できるようにしてくれたのです。神への信頼は、何よりもそれが現実に生きられる時に、信じうるものになり、人々に伝えられるのです。

私は、マザー・テレサと打ち解けて語り合う多くの機会を与えられました。しばしば、キリストの神聖さが彼女の中に反映しているのを見分けることができました。一九七六年夏に、彼女はテゼを訪問しました。私たちのテゼの丘には、多数の国からやってきた若者たちであふれていました。私たちはその日、共同で、次の祈りを書き下ろしました。『おお、あらゆる人間の父であられる神さま。あなたは、貧しい者たちが辱められている所に、愛をもたらすように、人類が分裂している所に、和解をもたらすように、教会が動揺させられている所に、喜びをもたらすようにと、私たちすべてに求められます。あなたは、すべての人類家族に対してあまねく、私たちが交わりのパン種になるように道を拓《ひら》いてくださいます。』

同じ年、私は数人のブラザーたちと、カルカッタの極貧の人たちとしばらく一緒に暮らすために、その地に行きました。私たちは、彼女の家の近くにある、下層の人たちの地域に滞在していました。そこはムスリムの人がほとんどで、にぎやかな子どもたちであふれていました。マザー・テレサは私たちと祈りをするために、しばしば私たちの所を訪れました。午後には時折、私の所にやってきて、もはや死のほか何も待ち望むものがないハンセン病の人たちを、一緒に訪ねようと誘いました。彼女は、彼らの心配を取り去って、心に安らぎを与えようとしました。

彼女はよく、自分がイニシアティブをとって行動しようとしました。ある日、何人かのハンセン病の人たちを訪ねて帰宅中、車の中で私にこう言ったのです。『私は、あなたにお願いすることがあるの。「ハイ」って、お返事くださいね。』私は、返事をする前に、彼女は何を私に願っているのかをもっと知ろうとしました。ところが、彼女はただ、『さあ、「ハイ」って言ってください』と繰り返すだけなのです。そして、とうとう彼女は、『今後、あなたは一日中、白いローブを身に着けるって私に言ってください。この印は、私たちの時代状況の中では必要です』と言いました。私は、『ハイ、そういたしましょう。私はブラザーたちに話し、できるだけよくそれを身に着けることにします』と答えました。それで彼女は、シスターたちに白いローブを作らせ、彼女自身がその一部を縫おうとしてくれました。

彼女は、特に子どもらに対して、深い思いやりを持っていました。彼女は、私と医者である一人のブラザーとが、毎朝、捨てられた子どもたちの家に行って、重病の子らを看病するように提案しました。その最初の日から、私は生後四か月の小さい乳児を見つけました。その子は、冬にはウイルスに十分な抵抗力を持っていないと聞きました。そこで、マザー・テレサは私にこう提案したのです。『この子をテゼに連れて行ってください。あなたがたは、彼女を、そこでお世話することができるでしょう。』

フランスに戻る飛行機の中では、マリーという名の小さな女の子は、元気ではありませんでした。私たちがテゼに着くと、幸せな赤ちゃんのように、初めて、喉をククッと鳴らし始めました。はじめの数週間は、私が仕事をしている間じゅう、私の腕の中でよく眠っていました。それから、ゆっくりと彼女の体力が回復していったのです。その後、私たちの住まいに近い村の一軒の家に行って暮らすようになりました。私の姉のジュヌヴィエーヴが、すでに何年も前から子どもらを引き取り、彼女の子どもとして育てていたので、この子も姉の家に迎えられたのです。この子が洗礼を受けるとき、私はこの子の代父になり、彼女を父のように愛しました。

数年後の、秋のある日曜日です。マザー・テレサがテゼに戻って来ました。その祈りの間、私たち二人は、今日もまだ真理であり続けている、次のような一つの関心を明らかにしました。『カルカッタには、死に行く人たちのための目に見える家があります。しかし、世界の非常に多くの地で、多くの若者たちは、目に見えない家において死に行きつつあります。彼らの中に、つぶれた人間関係や、未来に対する心配などが目立っています。彼らの心の中で、離婚が、子ども時代や青年時代の純真さを深く傷つけてきました。ある者たちにおいて、このことは、「これから先、生き続けてどんな良いことがあるのか」、「人生はなお意味を持っているのか」といった幻滅へと導いていきます。』

私は、二人のブラザーたちと、マザー・テレサの葬儀に参列するために、カルカッタに行きました。私たちは、神が彼女の人生に送った賜物のために神に感謝をささげ、シスターたちと賛美の思いを抱いて歌いたいと願いました。彼女の遺体のすぐそばにいて、私は、私たちが共通に持っていた多くのものを思い出しました。それは特に、神との交わりは、地上の人々の苦難を和らげる働きをすることへと私たちを励ますとの確信でした。そうなのです。私たちが他の人たちの試練を和らげる時に、私たちは神に出会うのです。キリストご自身が、『あなたが、最も小さい者にしたのは、キリストである私にしたのである』と言われたのです。(1)」

マザー・テレサは、必要とあれば断固として命じる将校だとすれば、ブラザー・ロジェの方は戦場の地べたで仲間と生きる曹長です。その愛情は柔らかく、芳しく、穏やかで辺りに匂うものがありました。この組み合わせが、しばしばマザー・テレサをテゼにひきつけたのでしょう。

(1) Brother Roger.2005 A Path of Hope. ff.21.

四　ジュネーブのロジェ

「テゼにおける未来の共同体の実験室」

テゼの第三〇回ヨーロッパ大会は、二〇〇七年にジュネーブで開かれました。レマン湖に面するこの古い町は、テゼの共同体生活がブラザー・ロジェを中心に始まった場所でもあります。ブラザー・ダニエルは、数人のブラザーたちがこの町のアパートで生活を始めた数年間について次のように語っています。

「ブラザー・ロジェは、一九四二年から四四年まで、ジュネーブに住んでいました。ジュネーブ時代は、共同体の境遇にとっては、とりわけブラザー・ロジェにとっては後退の時期でした。一九四〇年から四二年の間に、テゼの村では多くの事柄がすでに起こっていましたが、まだ他のブラザーたちが加わった共同体生活にはなっておらず、ブラザー・ロジェただ一人でしたから、家の購入とそこで行われた最初の仕事をし始めていました。テゼ村におけるブラザー・ロジェの幾つかの活動は、とても危険なもので、初めて彼の命が危険にさらされたとき、ジュネーブに帰国するように促されました。したがってジュネーブの時期は、退却を余儀なくされた短い一時期だったのです。

これが、一年か二年か十年か……どれだけ続くか、彼には分かりませんでした。テゼでは、共同体を創るあらゆる準備がすでに整えられていたとしても、第二次世界大戦がいつまで続くか、具体的に知るすべはありません。こうした情況に直面した場合、ある者たちは諦めてしまうことでしょう。ところが、彼にとっては、最初のブラザーたちが彼に加わったピュイ・サン・ピエール通りの彼の両親のアパートにおいて、真に創造的な生活の準備のため、情況はこの上もない絶好の機会でした。自分のことについて言うと、私はその家の小さな部屋で生活し、ブラザー・ロジェもそこに住んでいました。マックスとピエールはまだ彼らの家族と生活していました。

ブラザー・ロジェは学生時代に、急にＡＣＥ（キリスト者学生協会）議長になったことがあり、その学生協会に、毎年『春の議会』と呼ばれたものを彼は創設しました。彼は皆で考える一つのテーマを提案し、彼が考え続けているテーマについて論じ合うシンポジウムを開くために、人々がジュネーブ、ローザンヌまたはヌーシャテルに集まりました。私は、そこでロジェと知り合ったのです。するとすぐに、彼が抱いている共同体のプランを私に打ち明け、目下、初期の段階にある共同体に加わらないかと私を誘いました。

同じ頃、ブラザー・ロジェはピュイ・サン・ピエール通りのアパートで、当時、『大共同体』と呼ばれていたものを彼の周りに集めていました。ブラザー・ロジェのあふれ出る創造的な情熱をもって、この共同体は幾種類かの活動と研究を提案しました。

私は今なお、この通りに来たすべての友達が、テーマ別の三グループに分けられたのを記憶しています。第一のテーマは、知的な人たちのためのもので、『総合的研究』と呼ばれるものでした。それは、私たち信仰者の生活を勇気づける、信頼するに足る価値を要約する仕事でした。第二の研究テーマは、『巡回牧師』でした。ブラザー・ロジェはかつて、できるだけ早く、二人一組になってスイスかフランスの福音宣教に遣わされることを考えていました。第三のテーマは、その頃私たちが『子どもたちの町』と呼んでいたものです。

私は『巡回牧師』を選びました。神学を学んでいたので、率直に宣教に関心がありました。ところが、ロジェは私に、『そうじゃないよ。君には、子どもたちの町の世話をしてほしいんだ』と言ったのです。それで私は、戦争が終結するや、直ちに私たちがテゼに帰り、フランスで実行に移されるプロジェクトを伝えるために、スイスのフランス語が話されている地域で協議をしなければなりませんでした。そのプロジェクトは、ブラザー・ロジェの姉のジュヌヴィエーヴがお世話をする子どもたちを、養子にしようとしていました。

大共同体のシンポジウムで取り扱われる三つのメイン・テーマに沿って、ブラザー・ロジェはすでにゲストたちを招きました。彼はいつも、人との接触を創りだそうとしていたので、私たちは、祈りのひとときをもって始める夜会のために、たいていは青年たちでしたが、たくさんの友人を迎えました。そこにおいて、テゼ共同体の未来の典礼が形を取り始めたのです。

その時、今ではまったく自然なものになっていますが、ブラザー・ロジェが考えていた食事の仕方を全員が行ってみました。沈黙の中で行うこの食事は、ニュースになりました。まったく新しいものであったからです。だが、それは必ずしも容易なことではありません。

私は、参加者の一人が大きなチェリーのパイを持ってきたある食事中のことを覚えています。チェリーの種を口から出さなければなりませんでしたから、デザートの時に、チェリーの種がお皿の上に落ちる音が、静寂な沈黙の中で響くのをご想像ください。その夜、沈黙の最後に、皆こらえきれず一斉に爆笑が起こったのです！　沈黙の中で食事をするのは、当時の催しであったことを理解してください。最後に、すべての客たちとのこれらの夜会は、テゼにおける将来の共同体の一種の実験室でした。

終わりに、非常に個人的な思い出を皆さんとお分かちしたいと思います。その頃、私はローザンヌで神学を学んでいました。それでピュイ・サン・ピエールにいつも確実にいるようにするため、毎日、ジュネーブとの間を往復しました。第二学年の終わりに試験があり、私は教科を復習しなければなりませんでした。ブラザー・ロジェはそのことを知っていました。それで、ある日、彼は私に手を貸してくれたのです。私は教会教父のおさらいをしていましたが、彼のサポートはとても助けになりました。彼は私がしていることを尋ね、私は今勉強している教父たちの名前を挙げました。すると彼は、個人教師がするような働きでなく、教会教父について話し始めたのです。彼はその何人かをとても慕っていました。特に印象深かったのは、まるで、今会ってきたかのように彼らについて語ったことです。私自身はまだ読書の途中にありました。だが一方で、教会教父が刺激を与える友達であり、ある意味で、彼らと個人的な知り合いになっている人間が私の前にいたのです。これは、ブラザー・ロジェという人物のまったく際立った特徴でした。彼にとって重要なことは、彼らの考えよりも、彼らと個人的に接触することだったのです。[1]」

（1）14 November 2007 https://www.taize.fr/en

五　わずかなものから始める

二〇〇八年八月十六日は、ブラザー・ロジェが「和解の教会」の夕礼拝で刺殺されて三年目を迎えました。その二日前の八月十四日に、現院長のブラザー・アロイスが、ロジェが殺されたすぐそばで短いスピーチをしました。ロジェの人となりを的確に伝える印象的なスピーチでした。[1]

＊＊＊

「ブラザー・ロジェは、この『和解の教会』での共同の祈りを愛していました。夜の共同の祈りの後は、長時間この場にとどまって、自分の所に話しに来る人たちにじっと耳を傾けました。

彼は青年時代に、神の愛が実在することに疑いを持ったことがあるのを、皆さんはご存じないかもしれません。だがそういう青年時代を経験していたため、彼はその生涯を通して、まだ解決できない問題を持って悩んでいる青年たちの心の内面を理解しようとしたのです。

だが、彼は直感的に、その困難な時期に一つの道を発見することができたのです。その直感というのは、たとえ神と福音を今は完全に理解できなくても、今自分が発見しているごくわずかなものを行えばいいということでした。

福音について理解したわずかなものを実践するとは、彼にとっては、キリストの平和を今、生きることを意味しましたし、和解に向かって進んでいくこと、また、まず最初に、数人の人たちと一緒に共同体の生活を始めることでした。」

かなり言葉を補って書きましたが、アロイスは、冒頭でおおよそこんなことを話しました。自分が理解した「わずかなもの」で生き始めればいいというところに、ブラザー・ロジェの一つの個性があります。私は、この言葉に、これまで幾度背中を押されたことでしょう。人間は完全ではありませんし、神のようになる必要はありません。達し得たところに従って、一歩一歩歩むことが許されているし、そのような歩みの中で愛の神は必ずその道を導いてくださるということです。信仰の父と呼ばれるアブラハムがそうであり、モーセがそうでした。

ロジェは、決して自分を大きく見せたり、買いかぶったり、偉大であろうとしたりする人ではありませんでした。むしろ、そのようなあり方にまったく背を向け、単純に幼子であることを喜びました。仲間のブラザーたちと、低く、貧しく、美しくあろうとしました。貧しくとは言っても、厳しい貧困生活を自分や他人に強いるということではなく、質素さを含むすべてのことを、豊かな創造性と想像性によって美しさと自由さの中に昇華し、高めていくことです。

ブラザーたちの三度の質素な食事は、最もひどい欠乏の中に置かれている遠方の人たちとも、たとえ地球の裏側にいても、その近くにいるかのように関わる意志を表現していました。それは、困難な状況に置かれた世界の人たちとの、単純素朴な愛の連帯でした。ですから、ブラザーたちの食事に招かれると、そこには詩的とも言える美しさがあふれていました。

腰が曲がって、ほとんどくの字になりながら、九十歳になっても子どもたちと手をつないで「和解の教会」に入って来る姿は、一種の神々しささえあり、印象的でした。殺される瞬間まで子どもらと一緒に礼拝していたのがブラザー・ロジェです。最晩年には、ロジェ自身が幼児のように、一人のブラザーの衣の裾につかまりながら、あるいは手を引かれながら入ってくることもありました。（裏表紙袖の写真を参照）

複雑で、巨大で、営利性をひたすら追求する世界の中にあって、テゼ共同体に見られる透明性豊かな、寛《くつろ》いだその信仰のあり方が、今日の若者と大人たちをひきつけています。テゼに行くと、誰しも、もっとシンプルにならせてください、もっとイエスを賛美させてください、世界の中に信頼と和解が、そして正義が、もっと力強くつくり出されますようにという思いが湧いてきます。そして、現代社会の中で、自らも小さな和解のパン種として生きたいと思うようになります。

ブラザー・アロイスは、ロジェを記念する日の話の中で、次に「和解の教会」の移り変わりについて触れていました。

＊＊＊

「この『和解の教会』は、テゼ共同体が建設したものではありません。ドイツの、ナチス時代の罪責を痛感した人たちが、戦後間もなく、贖罪《しょくざい》のしるしに、世界各地に学校や施設やユダヤ教のシナゴグやキリスト教の教会などを建設しましたが、一九五〇年代にテゼにもやって来て、『和解』の働きをしてきたテゼの丘に、贖罪のしるしとして教会を造らせてほしいと申し出て、建設されたものです。ただ、ブラザーの中に建築家がいますので、教会の設計はこのブラザーがかなり関わったようです。

『和解の教会』が建てられた時、ブラザー・ロジェは、それはあまりにも巨大すぎると思ったのです。また、その頃の教会の建築スタイルは、祭壇に向かって階段がいくつもありましたし、ブラザーたちとの間に壁があって仕切られていました。

ところが何年かたつうちに、ブラザー・ロジェは、教会をすっかり改造してしまったのです。彼は非常に単純な仕方で、場所をうまく造り変える才能を持っていました。彼が望んだのは、どんな人でも教会に入って来ると、神ご自身が自分を迎えてくれていると感じるような空間になることを願ったのです。

『和解の教会』が建てられて十年が経過した時、この『巨大な』教会があまりにも小さくなってしまっていました。そこでブラザー・ロジェは、教会の後方の壁を壊すことを決断したのですが、そこには美しい貴重なステンドグラスの窓があったのです。でも、その壁を潔く壊し、そこにサーカスで使われるテントを建てて教会とつないだのです。

私たちは二十五年以上にわたって、イースターの時や、世界の数多くの国から大勢の若者がやって来る夏の繁忙期には、この中で祈りをしてきました。ところが、時々『和解の教会』とテントの中の歌のスピードが違ったりすることが起こりました。」

「和解の教会」のこのようなおもしろい思い出を、アロイスはユーモアを交えて青年たちに語っていました。ドイツの人たちが記念に建てた教会の大事な部分をさっさと壊すのですから、ロジェの潔さは見事、豪快です。ステンドグラスで飾られた教会の美しさよりも、人々を迎え入れることの方が、さらに価値あることだと思ったのです。このようなところにも、テゼ共同体の、主に向かう単純率直な姿勢が現れています。

そして、先ほどの歌声のテンポのちぐはぐは、やがてサーカス用テントを潰して、そこに大きな部屋を造って「和解の教会」とつなぐことで解決されました。現在の教会がそれです。

ところが、今ではその「和解の教会」も、とうていすべての人を収容しきれないことがあります。将来、テゼはそれをどう解決するのか。きっと、アッという解決法を編み出すのではないかと、私は楽しみにしています。

「和解の教会」に続いて、次に、ナイロビの最も貧しい地域の一つであるマサレ渓谷に、ロジェとアロイスら、何人かのブラザーたちがしばらく住んだ時のことを話しました。実に小さい部屋で生活したそうですが、ロジェは、ほとんど何も使わずその部屋を見事に造り変え、人々を温かくもてなす場所にしたのです。貧しく何もなくても、その場所を、人々を温かく迎える美しい空間にしてしまう特別な才能をロジェは持っていたのでしょう。

さてアロイスの話は、ブラザー・ロジェにとって、人々を迎えるとはどういうことであったかということに向かいました。

＊＊＊

「ブラザー・ロジェにとっては、人を歓迎することは、特にその人の話に、心から静かに耳を傾けることであったのです。現在もブラザーたちが、夕べの共同の祈りの後、毎晩、個人的に相談に来る人たちの話に耳を傾けるために、『和解の教会』

にとどまっているのは、ロジェが人々の話に傾聴することに大きな注意を払ったからです。

私たちは誰しも、確かに、誰か他の人によく理解していただく必要があります。私たちが愛の神を信じる場合、他の人から人間的に理解されないで、どうして信じることが可能でしょうか。

そのような態度で耳を傾けることによって、ロジェは、自然と青年たちに信頼をおくことへと導かれたのです。彼が青年たちにいろいろな責任を委ねたので、非常に多くのことがテゼにおいて可能になりましたし、非常に多くの問題が解決されてきました。

ロジェは、しばしば次のようなことを繰り返して話していました。『私は若い世代の人たちに繰り返して信頼をおくために、できれば世界の果てにまで行きたいと思います。』」

ブラザー・アロイスは、ロジェの魂の中心にあった、こうした「聴く」姿勢を強調していました。確かに、テゼ共同体は静かに聴く耳を持っているのに比べ、私たちの周りに多くあるのは、自己主張であり、いかに自分を上手にアピールするかであり、聞くことは次の機会に自分がもっと説得的に話すために、しばらく黙って準備する時間にすぎないことがしばしばです。

時代は、激しい勢いで移り変わり、変遷しています。一日たりとも、古い価値観にとどまっていたのでは通用しなくなるのがこの時代です。このような時代であるからこそ、大人だけでなく、若者たちもまた、時代の潮流から取り残されはすまいかと多くの不安を感じ、深い所からの安らぎを持てません。

しかしテゼにはいつも落ち着いた空気が流れ、ここに来るだけで平和な心が取り戻され、永遠に変わらない真実がここには住んでいます。しかもヨーロッパ人だけがここで新しい希望を与えられるのでなく、アフリカから来た人も、北米、南米から来た人も、アジア、オーストラリア、中東から来た人も、同じように希望がここでは与えられます。

アロイスは次に、ブラザー・ロジェは、現代という時代に対して少しも恐れを抱いていなかったことを強調し、むしろ新しい科学的発見に魅力を感じていたこと、科学の発見は地球上の最も貧しい人たちの生活状況をさらにうまく改善してくれることに期待をかけていたと話しました。

そして、これまで述べたことを、次のように要約してスピーチを終えたのです。「あなたの人生のあらゆる場所において、神は、あなたが前進するのに必要なものを授け、試練を経験する時も、必要なものを授けようとしておられることに信頼しなさい。神は私たちに幸いを望んでおられます。神の招きは、他者に対して、私たちの命を与えるように導かれます。私たちは謙遜をもって始めましょう。自分が福音について理解したわずかなものを実行していきましょう。」

(1) 18 August 2008 https://www.taize.fr/en

Songs from Taizé 43

おおおお　聖なる霊よ、来たりませ、おおおお

心の光、来たりませ、新たな命、来たりませ

Oo Oo Veni Creator Spiritus. Oo Oo

veni lumen cordium, veni lumen cordium.

六　神はただ愛のみ

「ブラザー・ロジェ――テゼ共同体の創始者――」という小さなパンフレットが出版されました。そこに現在の院長ブラザー・アロイスがロジェについて書いています。これまであまり知られなかった事実も含まれていて、興味深いものです。

＊＊＊

「神の善を反映する人間の優しさ」

ブラザー・ロジェは、高齢になるにしたがって、ますます優しさという言葉が彼のキーワードになっていきました。彼は、人間の優しさは神の反

映であり、人間の中にある神の姿であると考えた聖バシリウスの言葉を引用するのを好みました。

ずいぶん前のことですが、私が彼の後継者として、テゼ共同体の責任者になる準備をするように依頼された時、彼は、私に何ら指示的なことを語りませんでした。どのように責任を担っていくのかを語る代わりに、次のような言葉を語ったのです。「ブラザーたちと同じように、院長にとっては、洞察力、あわれみの心、そして、疲れを知らない心の善良さは掛けがえのない賜物です。」私がしばしば口にする祈りの言葉は、「あなたの善の息吹が、私をお導きくださいますように」というものです。私たちは、神のそのような息吹によって支えられるなら、前進することができます。

1　神がなさるのはただ愛すること

神は厳しい裁きを行われるとの考えは、多くの人間の判断を誤らせてきました。このような態度に対して、ブラザー・ロジェは、「神がおできになるのは、ただ愛することだけ」と断言して、それとは反対の方針をとりました。神は無条件的に愛されるのです。このことをより若い世代の人たちに思い起こさせることは、きわめて重要なことです。というのは、彼らは繰り返して訓戒を受けることで、愛の神に至る道に障害物が置かれてきたからです。

ある時、東方正教会の神学者であるオリビエ・クレメントが、次のように私たちに語ったことがありました。彼の目には、「ブラザー・ロジェが神の愛を強調したことは、さまざまなキリスト教の信仰告白の中で、人々は罰する神を恐れてきたが、罰する神を恐れるというその長い歴史の終わりを告げるものであった」と映ったというのです。

ブラザー・ロジェは、神の愛をあえてきわめて強く表現しましたが、それは、自分より以前の思想家たちの中に、これを支持する人たちがあるのを知っていたからです。私が忘れられないのは、彼が、ニネベのイサク（八世紀）の著作から、「神がおできになるのは、ただ愛を与えることのみ」という言葉を発見して、喜びのあまりどんなに顔を輝かしたことでしょう。彼は、その言葉をテゼの歌の一つにして歌いたいと望みました。

その他にも、ディオグネテスへの手紙や聖イレナイオス、バシリウス、サレのフランシスなどのもの。またドストエフスキーのような作家や、信頼できる教会教父たちのキリスト教的普遍主義（万人救済論）を発見したカール・バルトのような神学者の中に見事に書かれている箇所が見いだされます。だが神への恐怖は、これらの証人たちが行った神の愛の強調をいつの間にか巧妙に曇らせ、繰り返して現れてきたのです。

ブラザー・ロジェは、青年時代に、福音書は信仰者たちに重い荷物を押しつけるものだと考えるクリスチャンたちがいるのを知っていました。そのため、彼には信仰が困難になる一時期がありました。彼の生涯を通して、神を信じることは一つの闘いでした。しかし、彼の母はある言葉を引用しただけでした。彼女は、自分には聖ヨハネの「神は愛なり」だけで十分だと語ったのです。彼女はここから結論を導き出しました。彼女は、自分のかわいい者たちに対して、心の優しさを証しする人だったのです。

ブラザー・ロジェは、私たちの共同の祈りで読む聖書朗読の箇所を選ぶのに、とても心を配りました。理解が難しい聖書箇所を選んで、誰かが当惑するのではないかと考えたのです。……

彼は、福音書の核心である、神の無限の愛に直ちに入っていく聖書朗読が選ばれるように求めました。そして、理解困難な聖書箇所は、少数のグループで研究しました。

彼は、神の愛を他の人に巧みに伝える賜物を持っていました。彼は数えきれない人たちに、「あなたは、あなたのありのままの姿で神から愛されています。神は、どんな時もあなたのすぐそばにおられます」と、確信をもって伝えました。

むろんこのような態度は、信仰を水増ししたり、骨の折れることを回避することを意味したりするものだと受け取られてはいけません。それは、神を私たちの個人的好みに仕える神にし、神を人間の注文に合わせて作り変える事柄では決してありません。しかし彼は、「神の善は、あらゆる人間生活の中で、最後決定的な言葉である」という彼の希望を、あえて表現しようとしました。

私は一九七三年のイースターを覚えています。私はまだ大変若く、主の復活を祝うために他の人たちと一緒にテゼに来ていました。「復活の主イエスが、私たちのためにとりなされるのであれば、誰が私たちを非難するというのか」と、パウロのローマ書を注解して語るブラザー・ロジェの言葉に、多くの者が感動しました。

2　覚悟して優しくあること

私たちが、神は善い方であることを発見すると、私たちの生活の中に、善と優しさが目覚めさせられるようになります。神の言葉は生きています。善に対する神の呼びかけに耳を傾け、それを私たちの耳に届くようにすると、私たちの心が変わるきっかけになるのです。私たちの意志がそれに応答することの味を発見するのです。

ブラザー・ロジェ自身がそういう経験をしたことがありました。彼の青年時代に、預言者ミカの、「主はあなたたちに、義《ただ》しくあって、優しい愛を行い、あなたの神とともに、心を低くして歩むこと以外の何かを要求されるだろうか」という聖句に感銘を与えられました。彼は、神の善が私たちを必要としていると悟りました。「ただお独りの方だけが善い方である。」私たち自身の善は、自分の中にその源を持ちません。源を欠いているのであって、絶対的なより大きな善を指し示します。その本質は神の善のしるしであることです。

ブラザー・ロジェがまだ十代であった時、当時はしばしば死に至る病であった肺結核という重い病気にかかりました。その回復期に、彼は独りで長い散歩に出かけましたが、その散歩は、彼に召命が熟するのを助けました。優しさへの召命も、同様に彼の中で働いていました。「この病気の歳月のおかげで、私は、幸福の源は一流の才能やきわめて高度な専門知識を獲得することの中にあるのでなく、優しい心で人を理解するために、謙《へりくだ》って自分を与えることの中にあると導かれました。」

彼が設立した私たちの共同体が活発である源の一つは、次の言葉の中にあるでしょう。「この共同体の命は、神が愛であることの一つのしるしであるという考えを、私は今まで決して失ったことはありません。私は徐々に、全生涯をささげる決心をした男たちと一つの共同体を創ること、あらゆることの中心に、心の優しさと単純素朴さがあること、最も重要なことだという確信を抱くに至りました。」

この確信が特別強かったので、彼の目には、私たちの共同体は何よりも第一に、兄弟のような思いやりと愛に根ざすために、ただ最小限の組織を持つだけでなければならなかったのです。

3　優しさと単純素朴さ

優しさと単純素朴さが合わさると希望が生まれます。私たちが何千人もの若者たちを迎えたり、いろいろな大陸で、貧しい人たちと生活をともにしたりするために出かけるとき、この両者があるのに気づきます。心の単純素朴さと結びついた優しさは、私たちを最も極貧の中にある人や苦痛を経験している人たち、また子どもらがなめている苦痛に思いやりを持つ人にします。

もてなしは、優しさを呼び起こします。私たちが一つの都市で青年らの大会を準備する時、何千もの家庭に、それぞれ一人から数人の、見知らぬ、しかも言葉の通じない青年を迎えてくれるようにお願いします。すると、非常に多くの女性や男性の心にある善が外に表れるために、ほんの少し力をお貸しすればいいということを知るのです。

厳しい態度は信仰にとって障害になりますが、他方、優しさは信仰に対して心の扉を開きます。優しさは驚きを与え、不思議なことへと導きます。人生の難しい現実や、無垢《むく》な人たちがなめている苦しみ、あらゆる形の不正義、また非常に多くの物質的・精神的惨めさを内側に隠している豊かな社会のもつ厳しさをも超えて、新しい地平が現れるのです。こうした経験は、神を信じる信仰を選ぶ道を創っていくでしょう。

私は、ブラザー・ロジェの七人姉妹の一番下の姉で、二〇〇七年に九十五歳で召された、ジュヌヴィエーヴとお話しする機会を幾度か持ったことがあります。彼女は弟と驚くほどよく似ていて、荒々しい言葉をまったく避ける人でしたし、決して人に対し最終的な判決を下しませんでした。普通、このような性格的な特徴は、また別の面を持っています。しかしブラザー・ロジェは、この生まれつきの賜物を、福音に仕えるために使うことができたのです！　そして、私たちブラザーが知っているように、一人の人間が担うことができるまさに限界にまで、しばしば彼を導きました。

4　隠れた意図を持たない優しさ

自分の利害を強く出さないことは、別の仕方での善の表現です。神は決してご自分を押しつけられません。神には、少しも暴力的なところがありません。神は、人間が自由に神を愛することを望まれました。個人的関係において、これと同様の無私な心は、他の人に自由を与える決定的な役割を果たします。それは少しも受け身でなく、聖霊が他の人の中で働く余地を与えるのです。

まことの愛は隠れた意図をまったく持ちません。ブラザー・ロジェは、私たちブラザーに対して、私たちはスピリチュアルな指導者でなく、傾聴する人であることをしばしば気づかせてくれました。彼の死後も、非常に多くの青年たちがテゼに来つづけているとすれば、彼らは、ブラザー・ロジェがバプテスマのヨハネのように自分を指し示さず、神が存在されることを指し示したことが分かったからです。

青年たちは、私たちの共同体が、まず何よりも彼らが神を探し求める場所を提供しようとしていることを知っています。彼らの多くは、私たちに、「ここに来ると、わが家にいるような気がします。アットホームな気持ちです」と語ります。

青年たちは自由を感じることが何よりも大事です。牧会的であろうが、情緒的であろうが、どんな仕方であっても、巧妙に操縦されてはならないのです。むろん友情を求めてやって来ますし、私たちはできる限り彼らにそれを多く与えようと試みています。だが、彼らが神にもっと近づくための部屋を与えるためには、私たちの側に洞察が要求されます。

見返りに何も求めず、ただ与えるという思いから、私たちの共同体が行う働きに青年らを組み込もうとは願ってきませんでした。ローマ教皇ヨハネ・パウロ二世が、一九八六年にテゼを訪ねた際に、このことを青年たちに次のような言葉で語り、私たちを感動させました[1]。「……泉の近くに来て、そこを横切って行く人のように、人はテゼを横切って行きます。旅人たちは立ち止まり、喉の渇きをいやし、また旅を続けるのです。この共同体のブラザーたちは、皆さんをここに留めおこうとは願っていません。彼らが望んでいるのは、祈りにおいて、また黙想において、あなた方がキリストによって約束された生きた水を飲むことができ、キリストの存在を見分け、その招きに応え、それからその愛を証しするために再び出発し、皆さんの教会や学校や大学や働いておられる職場で、兄弟姉妹に仕えることができるようになることです。」

今も、私たちのブラザーらが、アフリカやアジアやラテン・アメリカなどの各地で、最貧の人たちと生活を分かち合うとき、同様の無私の心で生活しています。彼らはまず最初に、最も見放された人たちの所に行ってともに始め、あらゆる人に神の愛を証しする者であること以外の何もしません。彼らは、異文化の間のギャップを乗り越えることが可能であるというしるしになろうとして存在しているのです。まず初めに、成功するプロジェクトを組織しようとしないことが、私たちが隠された意図を持たず、優しさをもって生きることを可能にさせるのです。その時、私たちがまったく考えても見なかった具体的な独創的なものが生じてきます。

5　幾つかの裏づけ

これまでたどってきたものを裏づける幾つかの証拠があります。

a　善良な教皇ヨハネ

ブラザー・ロジェは、教皇ヨハネ二十三世から受けたインパクトをよく話しました。この教皇は、彼が地上で一番尊敬した人であったでしょう。どうしてですって？　教皇の中に、神のあわれみが輝いていたからです。「ヨハネ二十三世は、自分と対話している人に神の形を見ていました。彼が話している人の中に、最もよいものと純粋な意図を見分けました。ただ思いやりだけが、他者である彼や彼女のありのままの姿を見分けることができるようにします。愛をもって見る時、個々人の魂の最も深い美しいものを見分けるのです。」

ヨハネ二十三世は、善と優しさを誉れある場所に置きました。彼は無邪気さについてしばしば考えましたが、これが彼を苦しめました。見えないことと違い、善は内面の苦闘を含んでいます。それは、私たちの中にあるのと同じように、まさに他人にある暗黒の側面に気づいていることです。

ブラザー・ロジェは、教皇ヨハネ二十三世と一緒に人類の積極的な幻を見ていました。二人は私たちの見方が変化するように促しました。「神は、私たちの魂の深みで、炎となって燃え上がらんとしている善の火花で前進させることがおできになります」と。

小さな共同体に真理であることは教会においても真理です。ブラザー・ロジェにとって、「交わり」は、教会がもつ最も美しい名の一つでした。教会において、互いの裁き合いは決して起こるべきでありません。「教会がたゆみなく耳を傾け、癒やしをし、和解するなら、最も明るく輝くものになり、愛とあわれみと慰めの交わりになり、よみがえりのキリストを明快に反映するものになります。決してよそよそしくなく、決して防御的でなく、あらゆる形の頑固さから自由であるなら、教会は、信仰の謙虚な信頼を私たち人間を通して輝かせることができます。」

b　ロシア人の魂

ブラザー・ロジェは、ロシア正教会を愛しました。この教会がなめた苦難の故に、彼らに対して無条件的な尊敬を抱きました。「彼らは、どのように愛し、赦すかを知っています。心の善良さは彼らの多くが持つきわめて重要なリアリティーです。」

ドストエフスキーは、私たち自身の内に隠されている善の宝に自覚的になる時、和解の歩みが始まることを知っていました。「自分の心の中に、なんと多くの誠実さと、忠実さと、心の率直な陽気さと、純粋さと、善を行いたいという願いが隠されているのに気づくなら、……彼らは直ちにあらゆる人を楽しくさせるでしょう。」

一九三三年にセルゲイ・バルガコフ神父が書いた、サロフの聖セラフィムについての論文が示していることは、ロシアで起こっている残酷な事件は、人類の悲観的なありさまを裏付けるように見えるが、セラフィムの記憶は、あらゆる人間が備えている基本的な善を信じることができるようにさせるのです。「人間は人間にとって狼である」と語る人々が退いた後、「人間は隣人に喜びを与える源である」と語る聖セラフィムによって補われるでしょう。セラフィムは、巡礼者たち一人ひとりを、「私の喜びです」と語って迎え、「キリストはよみがえられた」とつけ加えました。復活の主の光こそ、人間が持つことが可能な優しさを表しています。

c　エドモン・ミシュレ

フランス政府の大臣を務めたエドモン・ミシュレはテゼを訪れるのを好み、ブラザー・ロジェを心から深く敬愛していました。（訳注：ミシュレはドイツ占領下のフランスで多くのユダヤ人を助けたが、捕らえられてダッハウ強制収容所に入れられた。そこではチフス患者たちを助け、自らチフスになったため、ダッハウが解放された後もそこに収容されていた。戦後すぐからフランス政府の大臣として活躍した。）私は、ダッハウへの移送経験を詳しく書いた彼の著書『自由の町』を読んで、彼はどうしてそうなのかをさらにはっきりと知りました。

善なる神から授けられた人間の持つ善良さを、二十世紀半ばに、彼はどうしてなおも信頼することができたのでしょうか。そうです。ミシュレはそれを信頼することができました。彼はブラザー・ロジェと同じようにそれをしたのです。想像できないほどの苦難をなめた後、何年もたって、エドモン・ミシュレは次のような驚くべき言葉を書くことができました。「誰もが、強制収容所の経験から、自分が望む結論を引き出す権利を持っています。私としては、自分が経験した冒険から人間における希望の教訓を引き出したいと思います。人の魂の途方もない可能性を信じ、とりわけ信頼回復ができるものはいかなるものでも求めていこうとする誠実な意志は、私たちが経験してきたような経験（訳注：強制収容所の経験）を突き抜けていくただ一つの道であると、私は信じたいと思います。」

d　スタニスラ・リヨネ

イタリアで教師をしていたイエズス会のスタニスラ・リヨネは、一九八〇年代の初めに何回かテゼに来ました。ブラザー・ロジェは、彼が聖書全編に神の愛が貫かれていると断言するのを聞くことが好きでした。彼は情熱的に、新約聖書がいかに旧約聖書によって明らかにされるかを私たちに説きました。彼はいつも、「神はお赦しになり、もはや石の板でなく、人の心に神のみ心をお書きになる」というエレミヤとエゼキエルの新しい契約の宣言に戻っていきました。善悪を見分けるより、もっと大きな真に新しい自由が生まれます。彼ら自身の意志であるかのように、信仰者たちが神の意志を行うことへ導くのです。

リヨネ神父は、罰を与える神のイメージは信仰の重要な障害になると考えました。彼は驚くべき逆接的な表現をしましたが、「聖書においては、神への畏れは神への信頼である」という表現は軽率に語られるものではありません。

e　パウル・リクール

パウル・リクールは、テゼについての最初の論文を一九四七年に書いています。ブラザー・ロジェは、自分の考えを支えてくれるものをリクールの中に発見しました。二〇〇一年には、ロジェはためらうことなく、自著のタイトルを『神はただ愛のみである』としました。なぜなら、この偉大な哲学者の次の言葉に信頼できたからです。「神のただ一つの力は、敵意を和らげる愛である。神は私たちが苦しむことを望んでいない。全能の神は、『全愛』の神になられた。神は私たちを愛し、私たちが苦しんでいる時に、助ける言葉を語る以外のどんな力もお持ちではありません。」

なぜ、パウル・リクールはテゼに来たのでしょう。「私が正しさを証明する必要があるものは、いかに悪が過激でも、善よりは底が浅いということです。そしてもし宗教が、もし諸宗教が意味を持っているなら、人間の中にある善の種が自由に働くように解き放ち、それがまったく葬られたままにきた場所においても、それを探しに行くことです。私たちは、善の確かさを解き放ち、それを言葉化しなければなりません。ここテゼにおいて与えられる言葉は、哲学の言葉でなく、神学の言葉でもなく、典礼の言葉です。そして私にとって典礼は単なる行為ではありません。それは思想の一つの形です。」

6　二〇〇五年八月十六日、息を引きとるまでの心の優しさ

その夜、共同体の祈りがなされている最中に、一人の若い女性の病的な行為によって、ブラザー・ロジェは命を落としました。「和解の教会」は数千人の青年たちで込み合っていました。スペイン人のある若者が、その行為を止めようとすぐに突進しました。自分を襲った人を見ようとして振り向いたロジェの顔は、苦痛のために歪んでいるのに

彼は気づきました。その若者はまた、ロジェの意識がすっかり失せる前に、苦痛を見せていたロジェの表情が愛と赦しに変わっていくのに気づきました。ロジェは、命の最後の瞬間に、心の優しさという福音の価値観に再び戻っていったのです。

その後テゼは、何日間も、何千という手紙や電報やeメールをあらゆる大陸から受け取りました。これらは、ロジェの人生とその死によって明らかにされた愛と優しさのメッセージが、世界の膨大な数の人たちに強い影響を与えていたことを示しています。

私たちは、その優しさは単なる空疎な言葉でなく、世界を変えることができる力であることをさらに深く理解しました。なぜなら、それによって神が働いておられるからです。悪に直面して、心の善良さは傷つきやすい現実です。だがブラザー・ロジェが与えた命は、神の平和と信頼こそが、地上において最後的な力を持つことの、一つのしるしになります。

私は、ブラザー・ロジェがかつて書いた祈りをもって、結論にしたいと思います。彼は次のように祈るのを好みました。「神さま、あなたは私たちを愛しておられます。あなたの赦しを黙想することにより、あなたを信頼する私たちの低い心に、善が光を放つものにしてください。」

いかなる者も時代を越えることはできません。時代の産物です。ロジェもまたその例にもれないでしょう。人は誰しも真理の全体を所有できず真理の断片にすぎません。いかなる時代、いかなる者も鼻から息をする人間である限り無謬ではありません。だがロジェはその時代の中で懸命に戦い、証ししました。彼は「罪」について語ることが少なく、語るにしても控えめでした。理由はここにアロイスが述べているとおりです。しかし別の時代が来れば、声を大にして罪を語らなければならないかもしれません。それは不幸な時代でしょうが、神の証人である限りは不可避です。そしてその時代が目前に迫っているかもしれません。ただ、語るにしても語り方があります。

Songs from Taizé 10
たたえよ神を　すべての人よ
ともに歌え　アレルヤ
Laudate Dominum, laudate
Dominum omnes gentes Alleluia..

（1）J. L. Gonzalez Balado *The story of Taize* P.47.

七　心配性？

ブラザー・アロイスが八月十六日に青年たちに語ったメッセージの一部です。自分は多少不安神経症気味だ、心配性だと考えている現代人に、示唆するものがあるかもしれません。ロジェの別の一面です。

＊＊＊

「……ブラザー・ロジェは、いろいろのことを案ずる性格を持っていたことは、あまり知られていません。この個性が彼を創造的にしたのです。神への信頼と喜びを宣べ伝えることができたのは、これらが、彼自身の内面の格闘から生み出されたからです。

だが、いろいろと案ずるその性格は彼を不自由にさせず、絶えず用心深くあらしめ、常に反省する人間へと導きました。彼は何かを直観的に感じるといつもそれを実行に移しました。昼も夜も、いつも彼は他の人たちのことを心配していました。

だが、いろいろと心配する人間が、どうして内なる喜びと平和にいつも戻ることができたのでしょう。その理由の一つは、一日一日を、神の日として受け入れる力を持っていたからです。彼は、自分が出会う日々の出来事や人々からの刺激を受けて奮起させられました。努力を前もって否定するような状況に立たされても、彼はそこから何か新しいものを創ろうとしました。

彼は、神の存在に最後まで信頼しようと闘いました。この姿勢が、社会の変化を非常にうまくとらえるようにさせたのでしょう。彼は、他の人がまだ気づかぬうちに起こりつつあることに気づいていました。

神への信頼が、歴史の動きに少しでも参与していく勇気を授けたのです。彼はキリスト教徒間の和解と人類家族の平和に関心を持ちつづけ、不可能と思える道を切り拓《ひら》きました。……」

Songs from Taizé 130

ほめよ　わたしの心　歌えわたしの口
たたえよ声をあげ　オオオオ
Ma-gni-fi-cat, a-ni-ma me-a
ma-gni-fi-cat, a-ni-ma me-a
Ma- gni-fi-cat, a-ni-ma me-a
Do-mi-num. O O O O

八　ロジェの死

テゼのブラザー・ロジェは多くの人から慕われました。むろん世界中から青年たちがこの小さな村にやって来ることになったのは、彼の持つ不思議な、容易につかみきれない魅力であったことは言うまでもありません。彼は、青年らの精神的指導者であることを拒み、同時代を一緒に真理を探しつつ生きる、ささやかな弱い一人の人間であることを公言してやみませんでした。

七十歳代までのロジェは、あらゆることを素早く決断し、鋭敏な感覚を持って実行していく人でしたが、八十歳代になると、さすがの彼の行動も判断も徐々に鈍ってスローペースになっていったようです。それは外部の人にはそれほど感じられなかったのですが、共同体には、脂の乗り切った壮年や若いブラザーたちが大勢いるわけで、彼らには、ややつらいことだったようです。

そんな中、二〇〇五年八月十六日の夕の祈りが始まる時に、予期しない突然のことが起こったのです。九十歳でした。葬儀は一週間後に行われ、世界から一万二千人を越える人がブルゴーニュの小さな丘に集まり、法王庁キリスト教一致推進評議会議長のカスパー枢機卿の司式で執り行われました。新しく院長になったブラザー・アロイスは、神と全世界の人たちの前で、「善であられる神さま。私たちは、心の病のためにブラザー・ロジェの命を奪ったルミニア・ソルカンをあなたにお委ねし、あなたが罪の赦しを授けられるように祈ります。十字架の上におつきになっているキリストとともに私たちは祈ります。『父よ、彼女をお赦しください。彼女は何をしているのか知らないのです。』聖霊なる神さま、テゼにおいて私たちが強く愛してきたルーマニアの人たちと青年たちのために祈ります。……私たちは、ブラザー・ロジェをあなたのみ手にお委ねいたします。すでに彼は、目に見えないあなたをみ前で仰いでいます。どうか彼の歩みに倣って、私たちもまたあなたの輝かしい光を迎えることができるようにさせてくださ い」と祈りました。

雨の降る日で、雨雲が重く垂れこめ、テゼの丘には悲しみと重い沈黙が続きました。葬りの式が進む中で雨が天から降り注ぎ、天もまた悲しみのうちに泣きだしているかのようでした。そして、遺体が村の小さな教会の庭に運ばれ、石壁に接して葬られました。葬儀が終わると、たちまちのうちに重い雨雲が割れて、雲間から輝く太陽の光がサッと射したのです。まるでロジェは今、彼を創造した神とともに天にいることを証しているかのようでした。

葬儀が済むと、翌日からのテゼは、普段とまったく変わらない姿に戻り、外国から着く人たちも友人のように親しみと笑顔をもって迎えられ、いつものように一日三度の祈りの時が持たれ、ブラザーたちによる聖書のイントロダクションやグループの分かち合い、あるいはワークショップが開かれました。院長のロジェが一週間前にブラザーたちと数千人の前で殺され、葬儀が昨日行われたとは思えないほど、平和で心温かな、これまでどおりの雰囲気でした。

後日、「未完の手紙」と題された、ブラザー・ロジェの最後になった手紙が、二〇〇五年十二月末に発表されました。その冒頭で、新しく院長になったブラザー・アロイスが、ロジェが最期の日を迎えることになった八月十六日の午後、一人のブラザーに語ったという言葉を紹介しました。キーワードは、「広げる」でした。ロジェはそのブラザーに、注意深く書きとめてほしいと言った後、長く黙ったままでしたが、やがて口を開き、「私たちが人類家族の中に……を広げるという可能性を創り出している限りは……」と語ったのです。疲れてその後は続けることができなかったそうです。

五十一歳の新しい院長は、この言葉は、ロジェが老人になっても、その心をかきたてていた情熱を反映していると書きました。そして「広げる」とはどういうことかと問うた後、「神がどんな人々にも例外なく持っておられる愛を、あらゆる人がもっとはっきり分かるように、できることは何でも行っていきなさい」という意味だろうと述べて、この小さな共同体が他の人たちに謙遜に関わることによって、神の愛の秘義を人々の目の前に明らかにしてほしいと望んでいたのだろうと書いたのです。

それ以来、今日に至るまで、ブラザー・アロイスはブラザーたちの先頭に立って、前の院長から託されたチャレンジに精力的に応えています。老院長によって一時は歩みがスローテンポになっていたテゼ共同体でしたが、近年は若かりしロジェ時代と同じようなペースを取り戻して、きびきびした動きになり、日に三度の共同の祈りを中心に、やや歩みのペースを上げて東奔西走の働きを始めています。

Songs from Taizé 39

命の泉　湧きいずる愛　お授け下さい　聖霊の神

Tu sei sor-gen-te vi-va, tu sei fuo-co, sei
ca-ri-ta. Vie-ni Spi-ri-to San-to,
vie-ni Spi-ri-to San-to.

九　子どもが犠牲であったら

もし子どもが犠牲であったら……

テゼ共同体は明日を担う子どもたちをとても重視しています。その証拠に、夕べの祈りには大抵数人の子どもたちが、院長のブラザー・アロイスと手をつないで入場して来て、礼拝の間、アロイスの周りに静かに座っています。三、四歳から十歳ほどの子どもたちです。退場は子どもたちが先頭になり、アロイスが続きます。

日曜日のユーカリストのローソクに火を点火するのも子どもです。子どもからブラザーたちに次々と点火され、ブラザーたちから教会に集まった数千ないし一万人近い人々の手に点火されていき、教会の中は二十センチほどのローソクの光で埋め尽くされ、ちらちら瞬く光の洪水になります。

子どもらと手をつないで入場するのは、ブラザー・ロジェの時から始まりました。ロジェは無類に子どもを大事にした人で、これまでの写真を見ても、ロジェのいるところ子どももありといったふうです。戦後すぐ、戦災孤児を二十人ほど引き取ったことに始まり、マザー・テレサから、命が危ぶまれた乳児を託されて成人するまで育て上げたこと。この他にも、ロジェのそばには、何か月か他の大陸から来たいろいろな理由で不幸な子どもたちがいました。むろん子どもを大切にするのは好き嫌いからでなく、聖書に根ざしたものです。

八月十六日の「夕の祈り」の時も、子どもらがロジェのそばに座っていたでしょう。そして礼拝が始まるや、無防備なあの残酷な悲しい事件が起こり、即座にロジェは落命しました。

しかし、その数年後にテゼを訪れた時、後を継いだブラザー・アロイスが、やはり子どもたちと手をつないで入場し、子どもらと最後尾の席についていました。

テゼが、キリストに次いで最も大事にしているものがあるとしたら子どもたちです。

だからこそ、あの夕べ、もしロジェでなく子どもが犠牲になっていたら、テゼの今の姿はなかったでしょう。テゼは大打撃を受け、根本的に変わらざるを得なかったかもしれません。その時には、ロジェの苦渋は筆舌に尽くし難いものになったでしょう。歴史には「もし」はないと言われますが、そのようなことが起こらなかったのは不幸中の幸い。ただ神の加護があったとしか言いようがありません。

だからこそ、ロジェの犠牲は子どもたちを救い、テゼを救い、和解と信頼の働きを願う世界の人たちを救ってくれるこの上なく高価な犠牲でした。その出来事は、稲光のように、一瞬にしてロジェの個性とテゼの本質を明瞭に私たちに悟らせるものでした。

病んだ世界のための、この上ないとりなしの歩み。すなわち和解と信頼の巡礼の歩み。神はただ愛のみであることを、九十歳のロジェは身をもって証ししたのです。

十　ロジェとゾシマ長老

ブラザー・ロジェとその共同体について書いてきましたが、これらは彼らの一面であって全貌ではありません。むしろ誤解も多くあるかもしれないことを恐れます。

その誤解に誤解をつけ加えはすまいかと恐れますが、ロジェと『カラマーゾフの兄弟』のゾシマ長老あるいはアリョーシャとの類似について記してこの章を閉じましょう。むろんロジェは実在の人物であり、ゾシマたちは架空の人物。そして彼らには違いが多くあります。だがその資質に類似が見えるのです。

荒正人によれば、ドストエフスキーの名著『カラマーゾフの兄弟』は、「人類の創り出した文学という精神事業の中で、最大のもの、最高のものである」と言われ、文学の最高傑作だと私も思っています。その主要人物の一人ゾシマ長老がアリョーシャをはじめ同宿の数人の者に万民と万物に対する愛を説いた後、「人間は何人《なんぴと》の審判者となることもできない。これは特に記憶すべきことである(1)」と語る場面があり以下の言葉が続きます。長老が胸に痛みを覚えて肘いすから滑り落ちて息絶える寸前の場面です。

「周囲の人たちがことごとく意地わるい冷酷な人間であって、自分の言葉に耳を傾けてくれなかったら、彼らの前に倒れてゆるしをこうがよい。なぜならば、自分の言葉に耳を傾けさせ得なかったのは、事実、自分に罪があるからである。……決して望みを失ってはならぬ。もしすべての人が自分を見捨てたうえ、無理無体に自分を追い払ったならば、そのときはただひとりになって大地に倒れ、土のおもてに接吻して、涙で土をうるおすがよい。」

許しはいつの時代、誰にとっても最も難しい事柄ですが、誤解を受けてそれをどう解いていくのか、そこにその人間性が現れます。ブラザー・ロジェは、「許し、さらに許し続ける(2)」という表題の下で、最後までキリストに従って行こうと望む人々に、「最高にひどい緊張関係の中にあっても、和解する心で人生を歩み続けますか。どんな不一致にせよ、誰が正しく誰が間違っているかを決しようとすることに何の意味がありますか」と記しました。ロジェも、誰も他者の「審判者になることはできない」と考えているのです。

また、誰かが自分を曲解し不当に判断される時はどうするかと問うと、「……許すのです。そのとき、あなたは自分が自由であり、比類なき自由であると気づくでしょう。許すのです、そしてさらに許すのです。これは愛の最高の表現です」と語ります。許すことと、許されること。ロジェと長老の述べることは一見方向は違いますが扱う事柄は同じです。ロジェはさらに、「あなたが許すのは、その人を変えるためではありません。ただ素朴にキリストに従うためです。……どこまでも透明であろうと努めるのです。さかしげな策を弄することに心を向けてはなりません。あなたの考え方に強制的に向かわせようと、彼らの不安をてこに良心を操ってはなりません。」単純にキリストに従うために、これはいわば長老が説く大地に身を投げ出すことの勧めと類似していると言ってよいでしょう。

ロジェはこうも書きます。「もう一度あえて彼らのところへ行く勇気があなたにあるでしょうか。増し加わる不安を払いのけ、拒絶した人々のところへ戻って、『和解するために来ました』ともう一度言おうとするでしょうか。もし彼らが再び荒々しくあなたを追い払うなら、あなたはなんとすばらしい発見をすることでしょう！　あなたはそのとき、彼らがすでにあなたの内に静かに迎えられていることに気づくのです。」

最期の時を前に諄々《じゅんじゅん》と説く長老ゾシマの言葉に

読者は心を打たれますが、ロジェのこの件《くだり》にも私たちは心打たれます。今はまだ時は満たず和解が成立しなくても、すでに自分の心の内に彼らを迎え入れたのです。心の内でもう和解が成立したのです。そして大地に伏して土に接吻し涙で土をうるおす行為も、これと類似した和解の象徴的な行為です。

ただ、ロジェは許しや和解を個人的なレベルだけで捉えません。むしろもっと大きく何百年も続くキリスト教諸教派間の和解や許しとしても捉えてエキュメニカルを促進し、さらに人類的なレベルでも捉えました。これはゾシマにはありません。

ロジェは生涯、罪でなく神の愛を語り続け、闇の中に消えぬ火輝くと語って希望を指し示しました。ゾシマの方は約百年前のロシア正教が舞台のため、重点の置き方は当然ロジェと異なります。だが両者が最終的に目指すのは『愛であり、ただ愛のみである』(3)と言えるでしょう。このタイトルはブラザー・ロジェの主著の一冊です。そしてロジェもそうですが、ゾシマ長老もまた愛の人として、民衆に深く敬愛されたとドストエフスキーは書くのです。

他にも、両者には特定の宗教を超えて全人類を愛する神の愛、万人救済説の響きが漂います。また両者は世の人々を非常に大切にして、ロジェはブラザーたちを世の最も困難な場所や極度の貧困に苦しむ人たちの所に派遣し、自らも一年に何度かそういう人たちの所に身を置いて一緒に暮らしました。かたやゾシマもまた世の人々を大切にし、愛弟子であるアリョーシャを闇の深い娑婆《しゃば》に送ってそこで使命を果たさせるのです。他にも、長老は早世した兄から深い感化を受けましたが、ロジェも肉親から決定的な感化を受けていたことにもおもしろい類似が見られます。

和解と許しは信仰の中心問題です。この核心問題を巡って、ロジェとゾシマに類似性がかいま見られるのは興味あることです。

（1）ドストエフスキー著『カラマーゾフの兄弟』米川正夫訳、河出書房新社。
（2）The sources of Taize. Br. Roger of Taize. 2000.
（3）*God is love alone* Br. Roger. 2003.

Songs from Taizé 133

イエス　キリストに　わが目をば上げる
世の　救いぬし　わが望み

Ad te Je-su Chris-te
le-va-vi a-ni-mam me- am.
Sal-va- tor mun-di, in te spe-ra- vi.

Songs from Taizé 47

十字架と 主の復活により 我らに自由
お与えください　まことの自由　主よ
十字架と　主の復活により　我らに自由
お与えください　まことの自由　主よ
聖なるかな　主は復活された　我らに自由
お与えください　まことの自由　主よ

① Per cru-cem et pas-si-o-nem tu-am.
Li-be-ra nos Do-mi-ne,
li-be-ra nos Do-mi-ne
li-be-ra nos Do-mi-ne, Do-mi-ne.
② Per cru-cem et pas-si-o-nem tu-am.
Li-be-ra nos Do-mi-ne,
li-be-ra nos Do-mi-ne
li-be-ra nos Do-mi-ne, Do-mi-ne.
③ Per sanc-tam re-sur-rec-ti-o-nem tu-am.
Li-be-ranos Do-mi-ne,
Li-be-ra nos Do-mi-ne,
Li-be-ra nos Do-mi-ne, Do-mi-ne

四章　小さなテゼの集い

——板橋の集いから——

Songs from Taizé 132

主こそきよい霊　命与えくださる　命与えくださる

Do-mi-nus Spi-ri-tus est.

Spi-ri-tus au-tem vi-vi-fi-cat.

Spi-ri-tus au-tem vi-vi-fi-cat.

一　都心の雑踏を逃れ

テゼの歌を使った黙想と祈りの集いが、大山の小さな古びた会堂で開かれました。

マンションが隣に建った頃から、教会の床がそちらの方向にやや傾いたそうです。リフォーム前には、十円玉を置くと、コロコロとそちらに転がりました。礼拝堂の床の真ん中に、よく見ると柱の跡が残っていました。三十年ほど前に、建て増しのために壁の柱をのこぎりで切って、ちっちゃな木造の会堂を少し広げたのです。都心で、アルミサッシの窓が入っていない家は珍しいでしょう。冬には、窓と壁の間に新聞紙で目張りをするので、換気のいらない礼拝堂でした。

でも、この教会は大通りから少し入っているので、テゼの集いがなされる夕方には深閑として静まり、まるで深い森に入ったかのようです。お隣のマンションは教会を傾かせましたが、静寂という、都心では得がたい宝物を引き換えにくれたのです。

日本のテゼの集いは、表面的には音楽が中心のように感じますが、テゼは本来、神との出会いや、自分や隣人との出会いがメインですから、この教会での集いではできるだけその主旨を生かそうとしてきました。

しかし、ある日の集いのすばらしさは想像以上でした。イコンを照らす特別な光の中で、感傷に流れない質素ですばらしい祈りの時間を引き出していました。「キリストとメナ師」のイコンが、布で覆われた濃いオレンジ色の光に照らされ、砂漠の赤い夕焼け色を帯びて、私たちの黙想を深めていました。テゼのハトの十字架も布の上に巧みに浮かび上がっています。

ギターもテゼの歌に似合います。時々入るテナーの独唱の響き、小鳥のさえずりのような間欠的なソプラノ、またテナー。都心の雑踏をしばし逃れ、都心の雑踏の中へと癒やされて再び遣わされていくテゼの祈り。愛と平和、信頼と喜び、赦しと感謝、正義と希望。テゼは思想や神学の言葉で語るのでなく、「典礼の言葉」で語っているとはこういうことでしょう。

テゼの歌は黙想へと導きます。この歌は自らを誇らず、自らを照らさず、人々の渇いた魂を祈りへと導く召し使いにすぎません。モーツアルトの歌の後にはモーツアルトの偉大さが残るが、テゼの歌の後には、祈りへと導かれる心が残るのはそのためです。

大都会に泉が湧く場所。テゼの祈り。ここでは素顔がいちばん似合います。テゼは今日、私たちの素顔がもっとも回復される場所になっています。だから、大声で叫ばなくても、世界から若者らがテゼに集まって来るのでしょう。

Songs from Taizé 37

イエスよ み国に、 おいでになる ときに、
イエスよ、 私を、 思い出してください。

Je-sus, re-mem-ber me when you come
in-to your king-dom.
Je-sus, re-mem-ber me when you come
in-to your king-dom.

二　信仰を苦悩の上に築く？

昨日の朝は、まだ六月だというのに、汗がにじみ出るような暑い朝でした。早朝からの板橋の「黙想の祈り」に、電車に乗って来られた若い方もありました。

その集いの半ばに、「心配のうちに沈むことは、福音を生きる道ではけっしてありません。あなたの信仰を苦悩の上に築くことは、砂の上に家を建てるようなものです」という、テゼから届けられた短い言葉を、ある年配の方に読んでもらいました。

祈りが終わって短いお茶のひととき、読んでくれた方が、「信仰を苦悩の上に築くことは、砂の上に家を建てるようなものなんでしょうかネ」と、やや不服そうに尋ねられました。私は、なるほどと思いながらも、「どういうことですか」と聞き返しますと、「苦悩の上にこそ信仰が育つのではないでしょうか」と言われたのです。

私はとっさに、その頃完結した『共に生きようとされる神』（三部作、新教出版社）の中で、著者の戸田伊助牧師が、うめきのない信仰は本物でないことを説いているのを思い出しました。「うめきこそ、実は神が私たちの中に宿られる場」と書いておられ、読みようによっては「信仰は苦悩の上にこそ築きなさい」という勧めに聞こえます。そもそもその第二作目は、『うめき』というタイトルであり、「うめき」をどんなに大事にしておられるかがうかがわれます。

私は、三部作を読みながら、以前の私なら本当にそうだと相槌を打ったでしょうが、今は敬愛する戸田牧師とちょっと自分は違うなあと思ったのは、そこだったのです。テゼの先の言葉はその後、「わたしは平和をあなたがたに残し、わたしの平和をあなたがたに与える。心を騒がせるな。おびえるな」というヨハネ福音書にあるイエスの言葉を引用しています。

苦悩に軸足を置くのか、それともキリストの平和に軸足を置くのか。この微妙な差は天地の差があると言うことができるでしょうし、たいした違いではないと言うこともできます。

私はその方に、「苦悩の上だけだとしんどいし、不安定でしょうね。しかし、苦悩の上に築かないとすれば、何の上に築けばいいのでしょうネ」と言って別れました。

イエスは、「あなたがたには、世で苦難がある。しかし、勇気を出しなさい。わたしは既に世に勝っている」（ヨハネ十六・三十三）とも語っています。

世の悩みを避けたり、顔を背けたりする信仰は現実逃避になります。自分の醜い姿に凍りつくことさえ不要です。しかし、悩みにすでに勝っておられるイエスを見上げない信仰は、喜びを失い、現実に圧倒されることになりかねません。

ただ、戸田牧師は、うめきの中でイエスを見上げることを語り、テゼの書物は、キリストの平和の故に現実の中に入って愛を選択すること、希望を創り出すことを勧めるのです。それは苦悩を担うことです。

私は違いを大切にしています。違いがあっても、私の戸田牧師への敬愛は変わりません。少なくとも苦悩と祈りは同じ根を持っています。

三　人生の夜

「私たちの夜が、いつの日もクリスマスの夜のようであったら、夜はどの日も、心の内側から輝くことでしょうに。」（ブラザー・ロジェ）

イブの前日に開かれた、昨夜の「黙想と祈り」の集いは、キリストの誕生の喜びを、歌と聖書と黙想を通して味わいました。

いつもはギターの伴奏ですが、ギタリストのご都合が悪くて、オルガン奏者にお願いしました。ところが別のギタリストが参加しておられて、オルガンとギターとの豪華伴奏で歌いました。

終わり近くで、ロジェの先の言葉を味わいました。味わいながら、本当にどの日もクリスマスの夜のようであれば、どんなに私たちは慰められるだろうと思いました。

誰しも試練にぶち当たります。友が友と思えぬ日もあります。世から見捨てられたように思えて暗く憂鬱に沈む日があり、自分を責めるとますます落ち込みます。深い雪道に車輪を取られて、どんなにふかしても自ら掘った轍《わだち》から抜け出せない時のように、気ばかりが焦ります。こんなことで魂の抜け殻になっている自分が赦せません。誰もが危急に気づいて手を差し伸べてくれない時の、孤独、つらさ。見捨てられた悲しさ。どこに訴えればいいのか分からぬもどかしさ。多くの人が経験しているのかもしれない人生のそんな暗夜。そんな夜が果てしなく続いている人もあることでしょう。

だが、キリストは見捨てられません。クリスマスは、見捨てられて誰も顧みない人の所に、救い主が来られたことを告げています。イエス自身が、祭司長や長老らから、それに弟子たちからも見捨てられたのに、見捨てられた人たちの友となられました。「神、われらとともにいます。」そのことを証しするためにイエスは飼い葉桶に来られました。

「事実、ご自身、試練を受けて苦しまれたからこそ、試練を受けている人たちを助けることがおできになるのです。」そのような思いをいつの日も持つことができたら、私たちの心はどの日も焦らないし、慰められるし、心の内側から輝くに違いありません。

人は独りです。独りで苦労し、闘い、傷ついても、誰も友がいなくても、イエスは終末に至るまで確実に私たちの友です。

Songs from Taizé 116

イエスは救い主　父なる主の輝き　ひかり

栄光あれ　イエス　グロリア

Je-su re-demp-tor om-ni-um, tu ~lu-men

et splen-dor Pa-tris, ti-bi sit glo-ri-a,

ti-bi Je-su sit glo-ri-a.

四　チャット広場

テゼの集いは、楽しい充実した集いです。場所によっては女性の参加がほとんどの集まりもありますが、男性の参加も多く、幅があります。男性だけでも女性だけでもどこか偏ってしまいますが、両性そろってやはりトータルな良い味が出る気がします。

月に一度、夜七時から始まる祈りの集いで、テゼの魅力の一つが話されました。「テゼ共同体の働きの一つは、社会にある希望のしるしを見いだすことです。」確かに私たちは、自分の弱さや失敗に目を向けて後悔することが多く、家でも外でも、他人の問題点を指摘してしょっちゅう批判し合っていますし、社会は問題が満ちあふれていて、次々に新しい問題が現れてそれに流されんばかりです。社会にある希望のしるしを発見する在り方というのは、少し視点を変え、生き方を変えねば見えてこないものです。

集まりの後、板橋ではお茶のひとときがあります。今回も、いろいろな人が集まっていました。司書をしている常連の女性が友達を連れて来ました。デザイナーでメディカル・イラストレーターとして活躍している人で、テゼには二回行ったことがあるそうです。もう少しお話を聞きたかった方です。

相愛のカップルもそろって駆けつけました。結婚はまだですが、だいぶ前から一緒に生活。最近奇跡的なことが起こって、今進行中とか。神はこんなこともされるのかという思いで驚きました。彼女はチャーミング度を増しています。

　そんな中、久しぶりにフェルマーの定理とかピタゴラスの定理という言葉を聞きました。私は、へえ、そんなことがあるのかと興味深くただ聞くだけ。真理はあるとかないとか証明可能なのだとか。インドのゼロが、ヨーロッパに伝わる十世紀頃までの、西洋でのゼロの表記とか。暗号の解読者に数学者がどう関わり、数学が暗号とどう関係するかなどのおもしろい話題が出て、結構楽しいしゃべり場でした。そのうちにマルチタイプのチャット広場になるかもしれません。

　フランスのテゼに行く魅力の一つは、多国籍の、いろいろな職業と教派の人と出会える楽しみです。大山では日本人だけですが、いろいろな職業を持つ、年齢に幅のある、他のジャンルの人と出会える楽しみの場が、すでに始まっているようです。

Songs from Taizé 67

渇ける人みな　命の水に満たされ感謝あふれ
アメン　主よイエス。アメン　来たりませ。
Let all who are thirst-y come. Let all who
wish re-ceive the wa-ter of life free-ly.
A-men, come Lord Je-sus.
A-men, come Lord Je-sus.

五　ルーマニアのアロイス

昨夜の集いは、楽しかったし、深い意味を持っていました。皆さんありがとう。

昨夜は、最近起こった秋葉原の事件の青年や、派遣やフリーターで苦労している人たちのことを黙想したいと思っていましたが、ブラザー・アロイスが、他のブラザーと五月にルーマニアを訪ねたことから、結局このことを沈黙の内に観想することにしました。

突然アロイスのルーマニア訪問のことになったのは、前夜、真夜中まで眠れなかったので布団の中で訪問報告を読んで、あまりに感銘を与えられたからでした。私は不眠症があるので時々得をします！

ルーマニアの独裁政権時代に、危険を犯して、テゼのブラザー・グレゴーレが何回かそこを訪ねています。一九七〇年代、驚くほど早期からの活動です。抵抗運動をするキリスト者たちへの、警察の厳しい監視をくぐって抜かりなく会い、口裏を合わせながら、細心の注意を払って接触を保ち続けたことなどを読んで、かつて一九四〇年代にブラザー・ロジェ自身が、ゲシュタポの検挙を免れるために細心の注意を払いつつ、テゼ村で政治犯やユダヤ人亡命者に手を貸していたことがダブりました。テゼ村の家に彼らを迎えて亡命させていたのですから、驚くべき勇気、愛、信仰です。

心に残ったのは、アロイスたちが、ルーマニアのラシの町を訪ねて集会を持ったことでした。その町に住む、二〇〇五年八月十六日夜のテゼの集いで、初代院長ブラザー・ロジェを背後から鋭利な刃物で刺殺した、心病む女性のお母さんを、今の院長アロイスらが訪ねたのです。娘が世界的に有名になった大事件を起こし、まったく打ちのめされたお母さんを力づけるため、アロイス自ら、はるばるテゼからやって来たのです。これは特に記録にとどめられるべき出来事です。そこには、アロイスがどうお母さんを慰め励ましたかが書かれていました。

テゼは、気持ちいい一風変わった音楽の集会でも、単なる黙想の集いでもありません。それは、私たちが普段の生活の中で心に平和を与えられ、私たちの生きる社会で、和解と信頼を作り出す福音的な新しいあり方へと導かれるためです。それは道徳運動でなく、世界の人たちに、闇に覆われた人たちにも希望の光が射しこんでいることを証しする働きです。

アロイスらの訪問を報告した後、意図せず、♪いつくしみ　愛の　あるところ　神ともに（*Ubi caritas et amor, ubi caritas Deus bi est*）♪を歌いましたが、この歌の意味が、一段と深いところから新しい姿で立ち現れた気がしました。続いて歌われた幾つかの歌も、アロイスたちの訪問によって、生き生きと意味を帯びたのです。

そんな思いが参加者たちの胸に湧きあがったのでしょう。集いは熱を帯び、深まりを見せ、まるでテゼにいるような気持ちになった瞬間もありました。

集いが終わり、先月起こったギター盗難事件のために、結局九人の方が全部で五万円以上のカンパをしてくださったので、拍手をもって、ギタリストのAさんにお渡ししました。Aさんも心から感謝を述べました。あの事件で、一層大山の集いが良くなった気がしました。（この事件は、Aさんが牧師館で食事をしているわずかな間に、彼の愛用のギターが忽然と消えた事件です。その場を見た私たちはあっけに取られ、また悲しみました。）

この一か月間に、彼のためにギターを貸してくれる人が現れました。朝の大山の集いで、Aさんの事件を知ったギタリストのBさんが、自分のギターを半永久的にAさんに貸してあげたいと言って置いて帰ったのです。結局、あの事件が起こって心温まるものがいっぱい残されました。砂漠に麗しい花が咲いたかのように。

♪恐れるな、煩うな、主はともにおられる。
満たされる、あなたは、神によって。♪

このテゼの歌のとおりです。

Songs from Taizé 101,109

きよき神　力強き　とわにいます
恵み深き主よ　（以上3回繰り返し）
父と子と聖霊に
栄光とこしえにあるように　アーメン。
とわにいます　恵み深き主よ、
きよき神　力強き　とわにいます　恵み深き主よ

Svia-ty Bo-ze, Svia-ty Kriep-ki, Svia-ty
Biez-smiert-ny po-mi-lui nas.
Slava Otsu i Synu i Sviatomu Duhu i nynie
prison i vo vieki viekov. A-min.
Svia-ty Biez-smiert-ny po-mi-lui nas.
Svia-ty Bo-ze, Svia-ty Kriep-ki, Svia-ty
Biez-smiert-ny po-mi-lui nas.

六　許せず苦労している

今朝のテゼの集いは、いつもギターを弾いてくれるBさんが欠席でした。メールの連絡に初めて返信がなかったので心配しました。彼はいつもバイクで出勤前にやって来て、五人ほどの集いにギターを弾いてくれています。どこかの重役ですが、そんな様子がまったくなく、気さくな青年のような人です。

集いがちょうど終わった時、「寝坊しました」と言ってBさんが入ってきました。終わったものの、彼の参加を心から喜んで、皆で気前よくテゼの歌を二曲追加して歌いました。普通の礼拝ならこうはいきませんが、ここのテゼの集いは自由が利くのでうれしいことです。

彼は、二〇〇八年十一月末に長崎であった列福式に参加してきたそうで、雲仙、長崎、五島列島の写真を見せてくれました。捕まったキリシタンたちが、熱湯の吹き上がる雲仙の温泉で拷問を受けたという場所や、長崎の浦上天主堂、五島列島の百年の歴史を持つ教会などを興味深く紹介してくれました。五島は田舎なのに、なぜか人々が生き生きしているそうです。しばらく前まで、子どもたちは登校前に朝早く教会で礼拝をし、それから学校に行っていたそうです。教会で食べる朝の弁当と学校で食べる昼の弁当と、弁当を二つ持っての登校。

夜は、七時からの集いの後、人を許したり許せなかったりする経験を皆でおしゃべりしました。事柄自体は重いですが、ほとんど皆、許せない何かの問題を持っていたり、過去に持ったことがあったりで、失敗談やつらい経験、今も許せないでいることなどをいつの間にか大笑いしながら話していました。

許せないでいるとき、相手に腹を立てていますが、腹を立てている自分にも腹を立てていますし、そんな状況を作ってしまった自分が許せないでいるといった、複雑でこんがらかったものがあるのに気づかされました。

自分は何かがあってもすぐケロッとしているという人、楽器を弾いて心が休まるという人、その他、殺してしまいたいような人が今いるといったぶっそうな話も出ましたが、こんなことは誰とでもは話せませんから、今の思いを吐き出せてスッキリした人もあったでしょう。皆、人を許せず苦労しているのだと知ってホッとしたという人もいたはず。今日はまた心が満たされました。ありがとう。

ついでに書きますが、個人で毎日している朝の祈りでも、許しの問題はしばしば心をよぎります。いや、その渦中に置かれて許しの問題で泥まみれ、傷まみれになっていることもあります。

人に許しを語りつつ、傷つけられて許せぬ人が生まれることもあり、もしキリスト者でなければ相当毒ある言葉で刺し返したと思う場面もあります。牧師でなければ、暴れ出し、容赦なく傷つける言葉を吐いていたかもしれません。だが吐かずに腹にとどめ、長血の女のように長期に心の出血が止まらず、悶々とする場合がほとんどでした。

だが、このような愚かな存在を救ってくれるのが、テゼの歌を使った個人の祈りです。テゼの歌で祈り始めると、心に平静さが戻ってきます。歌い続ける中で出血が少なくなり、いつの間にか止まっています。もちろん傷が深い場合は、いったん出血がやんでもまた翌日には出血しているというとんでもない愚か者ですが、でも、歌い始めるとまた出血が止まり、やがて何日も続ける中でいつの間にか傷が癒えているのです。

板橋の集いは小さな集いですが、集まる人たちが思いを自由に吐き出せるのが魅力です。聖なる方の前で泥を吐き出せるのが救いになっています。それが人間関係のぜいたくさをつくり出しているのでしょう。甘美ささえ伴って。

もう一度、ありがとう。

Songs from Taizé 113

神はゆるし　ためらわず　ゆるそう
愛は何も　恐れない

Bog jest mi-tos-cia miej-cie od-wa-ge
zyc dla mi-tos-ci.
Bog jest mi-tos cia. Nie le-kaj-cie sie.

七　忘れられない二人

板橋の集いが始まった第一回からギターを弾いてくれていたのが痩身のEさん。ギターを担ぎ、一時間半かけて来てくれました。人柄がよい上に物知りで機知に富み、彼の伴奏で集いができるのは最高だといつも思いましたが、集い前の牧師館での質素な食事も楽しみでした。食事前にサッと立ち上がり、ギターを抱えて、ビブラートのきいた声で体を揺らして軽快に一曲歌ってくれるのです。世界広しとは言え、こんな極上の食卓を経験した人は少ないでしょう。

彼は、ギターもピアノもバイオリンも、その他幾つかの楽器もみな独習。プロ並みのセンスの良さで集いの雰囲気を作ってくれました。もともと数学者ですが、音楽の道に進めばそれ以上の才能が開花したかもしれません。五年ほど毎月通ってくれましたが､体調を崩して来れなくなりました。ほんとに、ほんとうに残念でした。長い生涯の中でも忘れられない一人です。

板橋のテゼで忘れられぬもう一人と請われれば､八十代後半の静という名のおばあちゃん｡そよ風にも吹き飛ばされないかと案ずるほどの病弱な細身のおばあちゃん。でも一度も愚痴を聞いたことがない爽やかな方でした。四十代以降、二十五回かそれ以上入院を繰り返し、手術も十回を下りません。難病のクロ一ン病で大腸をすっかり切り取り、小腸をわずかに五センチほど残すのみ。ええ?と聞き返したくなるでしょうが、針小棒大に話しているのではありません。人は小腸五センチだけでも八十八歳まで生きうることを実証してくださいました。ほぼ普通食は食べられず、エレンタールという飲み薬だけで生きてこられたのです。

この静さんは夜七時からの集いにそっと来て、いつもそっと帰って行き、後には、ほぼ何かおいしいお菓子が集いの後の楽しいひとときのために置かれていました。静かに語る方で、大きな声を聞いたことがなく心の平和を内にたたえておられました。家庭では娘さんご夫婦と三人の孫娘さんに大事にされ、ほんとに幸せな老後生活でした。

この方が洗礼を受けテゼの集いに来るように

なったのは、何よりもロジェの言葉に出会ったから。祈れなかった自分がロジェの言葉で肩の力がとれ、祈れるようになりましたとよく言っていました。どんな祈りもお聞きくださる方を知った喜び。生涯この喜びを持っておられました。(1)

この姉妹のことを知ってもらいたくて、フランスからブラザーが日本を訪ねる時に会ってほしいと願っていましたが、ある忙しい日に実現しました。唐突な訪問でどれだけこの方のことを知っていただけたか。その後、彼から連絡がないのを見ると心をそれほど打たなかったのでしょう。でもそれはどうでもいいこと。このおばあちゃん自身は、ブラザーがフランスから自宅を訪問してくださったと心から喜び、ロジェの言葉をいつも感謝して去年召されましたから。

もう二度と長崎弁混じりの静さんの静かな姿を見ることはなく、十八歳の被爆の日の悲しみも、二人の自分の子を含む十三人の子らを育てることになったほろ苦い昔話にも、再び聞き耳を立てて心熱くされることがなくなった寂しさに、言葉を失っている私たちですが。

（1） *The source of Taizé* P.45,50.

八　茶席の亭主とは違います

もう十年ほど、毎月二回、平日の朝七時からと午後七時から、テゼの小さな集いをしています。

教会の仕事はそこそこにあるので、これ以上増やすと身が持ちません。しかし、集う人たちとの「交わり」は何ものにも代えがたいすばらしいものがありますから、二度行うことにしたのです。集いがない日は、日曜日を除いて、ただ独りテゼの歌を歌って黙想の時を持ちます。

板橋は都心から少し離れた東京の北部にあり、やや交通の便が悪い所。東西に流れる荒川を越えれば埼玉県です。ギターやチェロやハープや、リコーダーなどの楽器も鳴り響くテゼの少し大きな集いは、交通の便がいい都心の施設で行われているので、こんな辺鄙《へんぴ》な場所に集まる人はないだろうと思っていましたのに、小人数で静かなのがいいというもの好きな人たちもいて、十人ほどが集まって来ます。だいたいテゼに来る人の多くは、寂しがり屋のもの好きが多いようだとか？

朝の集いがある時は、前夜、小さな会堂に場所を作ります。前方をできるだけ大きく開けてスペースを取り、長椅子を後方と周りに並べ、フランスのテゼに似せて床にじかに座ることができるようにし、長椅子でも参加できるようにしています。

照明を落として、黙想が深まるように工夫し、前方の床に黙想の集いのために、あかね色に染まるように工夫した照明をつけ、その色にイコンが染まるように置いています。肝心なのは、雑然といろいろ物を置かず、簡素であること。美的センスは欲しいですが美は添えるだけで、美を追求しません。重要なのは黙想。そこが焦点になる場づくりです。

集いの準備の日は、まるで客たちを招く茶席の亭主の思いです。茶席の亭主と違うのは、形式ばらず、格式ばらないこと。出会いが今日も生まれるぞ、とのうれしい心でうきうきしていること。

集いに来た人が会堂に一歩入った時の、心躍る喜びがあれば、さぞすばらしいでしょう。神に自分が迎えられた喜び。だがそんなことを考えて技巧に走ると大抵疲れてしまい、うまくいきません。

プログラム作りにも時間がかかるからです。選んだ十曲ほどをどういう順番で歌おうかと思案し、それぞれのテンポも考えます。ほぼ毎回歌う数曲があるのも大事です。日本語に初めて訳した曲を数曲は入れたい欲もありますが、それで新鮮さが生まれても皆が置いてきぼりにされてはなりません。心なごんで、神に委ねて、黙想ができなければ意味がありません。

神との交わり。集う人たち皆との交わり。そして自分との交わり。最近はその他に自然との交わりも意識して、庭の花たちにもイコンの横に登場してもらいます。それがあると心がなごみます。大都会では庭や野辺の身近な草花とのうちとけた心安らぐ交わりは特に大事ですが、自然との和解、環境保護が二十一世紀の最大の課題だと考えて添えているのです。

Songs from Taizé 11

われらエスを仰ぎ見る、　主なるエスを仰ぎ見る。

"Oculi nostri ad Dominum Jesum,

Oculi nostri ad Dominum nostrum."

九　テゼの歌集の特徴

テゼの集いを始めようとしながら、一番悩んだのは、そのすばらしい歌が歌えなければ始まらないということ。長く親しんできたものの、集いを行うとなると、幾つか知っているというだけではできません。その点、ギターを爪弾きながらリードできれば、それ以上にすばらしいことはありません。

それで、私の場合は正しくテゼの歌を歌えるように、集いが始まる直前まで練習することもします。気前いいことに、テゼのサイトにはたいていの歌の音源があるので助かります。世界は広いのです。私のような不器用な人が世界のどこかにいると考えて載せてくれているのでしょう。心にくいですね。

テゼの歌集を訳し始めたのはいつ頃からであったか忘れました。毎日の黙想の時間に、英語やドイツ語やラテン語で何度も繰り返し歌い、歌ううちに、何日目かに、ふと自然と湧いてくる日本語を書き取って、それをさらに曲にぴったり合うように何度も言葉を変えながら歌いました。

たかが素人がなすこと。すべては試作でしたが、不思議なものでやがてこの試作の時間が楽しくなりました。一度は仕上がっても、また集いで何度も歌った後であっても、もっといい日本語表現が浮かべば思い切って変えました。そんな時は、「暫定的であることのダイナミックな力」というロジェの言葉に励まされました。

もっといい日本語とは、ここでは、もっといい信仰の表現という意味で語っています。テゼの歌の多くは聖書から取られた短い言葉です。もちろん中世から現代におよぶ信仰者の言葉の一節を歌ったものもあり、それらは信仰の表現であり、祈りであり、歌が私たちの歩みを導いてくれます。

テゼの歌の特徴は、情緒的ではありません。歌に酔わず、信仰の本質をズバッと歌うのがたいていです。キリスト教には心情や抒情を大切にする歌が多くあり、それも大事なことなので否定しませんが、感情に訴える歌はテゼの歌集では後方に退いています。

先に書きましたが、歌集には約一五〇曲が収録され二年ごとに改訂されます。大部分はそのままですが、改定のたびに数曲が新たに加えられ、数曲が除かれます。しかもこの他にテゼの「和解の教会」だけで歌われる歌も数多くあり、テゼの歌の全貌は外部のものには想像もつきません。恐らく今この瞬間も、新しい歌がテゼでは生まれているはずです。

テゼ共同体は時代の中でダイナミックに生きていて、まるで次々と新しい歌の新星を誕生させている小宇宙のような気がします。

Songs from Taizé 123

主をたたえます　祈り聞きたもう
主は　わが力　救いのとりで
Ben-di-go al Se-nor por-que
es-cu-cha mi voz, el Se-nor
es mi fuer-za, con-fi-a mi co-ra zon

十　中学三年生が町の総リーダー

板橋の一月のテゼの集いは、「聖なる霊よ　愛の火を　灯すため……」の歌に続いて、Kさんからポーランドのポズナニであったヨーロッパ大会の様子をうかがいました。板橋の集いに時々参加する彼女が、数万人の若者が集まる中で何曲かのテゼの歌をソロで歌ってきたそうです。

ポーランドは人口の九〇%以上がカトリックですが、この町はポーランドで一番最初にキリスト教が入った町。工業都市になっていて、町の人たちは大変信仰深く落ち着いて暮らしているそうです。

彼女の話の中でとても印象に残ったのは、三万人ほどの参加者のうち、外国や遠方からの参加者はほとんどが各戸に分かれてホームステイをしましたが、彼女が四日間宿泊した地区では、いろいろな家庭に二五〇人が分宿し、その責任者はなんと十五歳の女の子だったということです。十五歳と言えば日本ではまだ中学三年生。そんな子が世界からやって来る若者たちの、その地区の歓迎の総責任者として、他の若者らと一緒に宿泊関係をコーディネートしていたと聞いて驚きました。

彼女はフランスのテゼ共同体に参加したことがあり、そこで大変深い感動を与えられたので、ぜひ自分が外国からやって来る青年たちをもてなすためにお手伝いをしたいと言って、率先してこの地区の総責任者になったようです。

日本ではバレーで優勝したり、音楽やスポーツでトップになったりということが報道され、個人の能力や努力が話題にのぼります。それも良いことだと思いますが、十五歳でも大人の社会と関係し交渉し調整しながら、人々をコーディネートする能力が伸ばされる世界があることに驚いたのです。日本とは別の価値観があるからだろうと思いました。第一、日本はそんなことを家も学校も許すでしょうか。

三万人のうち、例えば二万五千人がホームステイするには、一万軒ほどの家庭を開拓しなければなりません。そのために何度も家庭訪問をして説明し、受け入れ可能な家庭と連絡を取り続け、時々集まってどう遠来の客をスムーズに温かくもてなすかを相談するのは大変な作業です。ポーランドの集会のために二千人のボランティアが働いたそうですから、規模の大きさが分かります。地区は、ほぼ教会の地区に分かれますが一五〇地区にのぼったようです。

日本では到底こんな形の大集会はできないでしょう。でも、いつか数百人規模の集会ができればすばらしいことです。そんな集会ができたら、組織管理的になり、閉塞状態にある日本の教会と社会に新風が吹き込むかもしれません。そんな新風が新風を呼び、さらに新風を呼ぶというおもしろいドミノ現象が起こるかもしれません。

テゼは今、若者たち一人ひとりの心に潜んでいる「命を十分に生きたいという渇望」に目を向け、同時に「世界を変革することへの呼びかけ」に応えようと若者たちを促しています。それは人生の意味とも関係し、生きる喜びはここにあるからです。

テゼ共同体は今も若々しさを失っていません。この若さが日本の教会と社会にも新風を吹き込むことができないかと私は夢見ています。「若者は幻を見、老人は夢を見る。」

ヨーロッパ大会は、一九七六年以降、毎年ヨーロッパの都市で四泊五日の日程で開催されてきたテゼ共同体最大の集いです。最近ではバーゼル、マドリードで開かれ、二〇一九年末は再びポーランドのブロツワフで開催。大会の圧巻は、近年では難民、地球環境、世界経済、ＥＵの課題、正義と平和、消費者問題、多文化、ムスリムとの対話など、二十～四十に及ぶワークショップで活動家や研究者などと考え合います。市街訪問、賛美、芸術、テゼの歴史を学ぶ集まりもあります。

Songs from Taizé 12

命の水に渇き　夜の闇を急ぐ
渇きこそが　われらの　歩みをぞ進める

De noche iremos, de noche que para
encontrar la fuente, solo la sed
nos alumbra, solo la sed nos alumbra.

十一　大切な一人

今日の黙想の集いで、常連のWさんが短い話をしてくれました。彼と初めて会った時はひげをぼうぼうと生やし、七十歳近くに見えました。ところがある日、ひげをすっかり剃ってきた時、風貌は見違えるほど若返り四十代の若い兄《あん》ちゃんに見えました。この頃は長くもなくちょうどいい具合にひげを切っています。彼が今晩話してくれたのです。詳しくは紹介できませんが、彼がキリストに導かれた頃のことを証ししたのです。

きっかけは父親の死だったそうです。二十年前に母を亡くしていた彼は、十年前、長患いしていた父の看病のために埼玉の実家に帰って来ました。一人っ子の彼は父親っ子でもあったようで、父の死は彼に孤独を徹底して味わわせたのです。父への依存症であったかもしれないと言っていました。

以前はそんなことは全然なかったのに、「どうしようもない孤独」に襲われる日々を送るようになり、眠れなくなり、いのちの電話に相談したり、アルコール中毒になっていきました。さらにそれは彼に人間不信を与えます。自己への不信も含んでいたようです。その孤独から逃れるために一人の友人を煩わせ、毎日のように一、二時間電話で話す生活が始まったのです。

数回なら我慢はできても、毎日です。それが一年ほど続いたというのですから、友人は相当我慢強い人だったのでしょう。ある日その友は、「君の近くに教会はないの」と教会に行って話を聞いてもらってはどうかと誘ったようです。

それで、彼は思い切って教会に足を踏み入れたのです。これまでバカにしていたような所に。話は途中をカットしますが、こうしてキリストと関係を持つようになり、寂しさが薄らいでいったと話してくれました。

と言っても、まだまだ得体の知れない寂寥感に襲われるようです。しかし今は、「神と話しをしています」と言っています。キリスト様とお話しをしますした。どんなふうに話すのかというと、布団に入り、横になってしゃべりまくるのだそうで、「あなたの足元に眠らせてください」と言いつつ眠るそうです。

彼は、絶対性を帯びる寂しさから逃れるのが、今なお課題の様子でした。その寂しさは、知る者ぞ知るとしか言えない力を持っています。だが板橋のテゼの集いに来るのは、神との対話ができる「静けさ」があるからだと言います。テゼの歌を歌うこともなく、ただうつむき加減に静かに座り、優しく流れ落ちる歌の滝に打たれているという感じです。それでこの一時間は、彼にとっては珠玉の時間だというのです。

板橋のテゼの集いに、こういう大切な人がいるのはうれしいことです。私は集いの中の長い沈黙の間に、彼の魂のために心して祈りました。Wさん、ありがとう。――イエスは見えない姿であなたの傍らに立ち、軽くその手を肩に置いて、あなたに連帯して立っておられるのが見えます。荒涼たる砂漠の修道院に友らと生きたメナ師のように。

Songs from Taizé 152
私の思いは夜ごと主をあつく－慕う
渇いた魂は今　あなたをあこがれる
le-de-re nacht ver-lang ik naar u, o God,
ik hun-ker naar u metheel mijn ziel.

十二　平和と信頼をつくりだす

今日、Ｔさんからメールを頂きました。しばらくテゼの集いにいらっしゃらないなあと思っていたら、転勤になり、職場は第三水曜日の夜は会議があって帰りが遅く、翌日の木曜日に開いている板橋のテゼの集いに出にくくなっておられたようです。

お子さんもいる共働きの主婦の方が、二日も帰りが遅くなるのはやはり無理でしょう。ずっと先になり、ご家庭に余裕ができたら、またきっとひょっこり参加くださるだろうと楽しみにしています。

その方が、学生時代に出会った在日韓国人の友人と最近メールのやり取りをするなかで、多くの日本人に知ってもらいたい！と思った朝鮮民族学校のことを書いておられました。と書けばお分かりでしょうが、拉致担当相の発言と、首相の「朝鮮高校は授業料無償化の対象としない」という発言のこと。それに同調する日本人が少なくないことがとても悲しく、自分に何かできないか思い悩んでメールをくださったのです。

Tさんの学生時代からの友人に在日韓国人二世の女性がいて、同胞の男性と結婚して、二人の息子を小学校から朝鮮民族学校に通わせているのだそうです。韓国人なのに北朝鮮系の学校に行かせているのは、韓国系の学校が少なく、朝鮮民族学校に通わせる在日韓国人はかなりおられるようです。

公立学校ではないので授業料は高く、小学校から弁当持ち。満員電車に揺られての通学。彼女の夫は定期収入がなく、彼女は養護学校の非常勤講師とホームヘルパーの掛け持ちで働いて学費と生活費を稼いでいるのです。彼女自身は日本の普通の公立学校で学んだ人で、韓国語も大学生になってから学び、その中で民族としての誇りを身に付けることができたのです。それで息子たちに母国語としての韓国語を身に付けさせたい、民族の文化を学んでほしい、そのためにはと頑張っているようだと書いておられました。そして最後に、「北朝鮮の学校だから、拉致した国の学校だから、と国を挙げて差別しないでほしい……」と書いておられました。

私は早速メールをお送りしました。「メールありがとうございました。私たちも在日朝鮮人の方々のことを心配していました。これは日本への反感を募らせるだけで決していい政策とは言えません。在日朝鮮人の方々も、これからも一生日本で過ごす方々でしょうから、政治と教育を分け、できるだけ分断政策をやめて公平にしなければ日本の将来が思いやられます。良き隣人を作ることが一番大事なことだと思います。

テゼは、北朝鮮に不足している聴診器をヨーロッパで集めて送ったこともあります。またフランスに留学中の北朝鮮の青年らをテゼに招いて、かなり前から民衆レベルで信頼関係をつくり出す工夫をしています。日本の政府に、平和と信頼をつくりだす政策こそとってほしいと願っています。

共働きはなかなか大変ですね。仕事と主婦と妻と母としての子育て。息子の家庭も共働きですからよく分かります。どうぞお体に気をつけて、召された所で主の栄光を表していってください。……」

平和と信頼をつくりだす課題は、私たちの周りにあふれています。これは最もクリエイティブな仕事ですし、世の光、地の塩の働きです。何が希望かを見分けることの難しい時代ですが、この世界に少しでも希望をつくり出すことができたらどんなにすばらしいことでしょう。

人間であることは、自分が生きている世界に責任を覚えることです。遠い見知らぬ世界に住んでいたり、自分と無関係に見えるような所にいる人たちの不幸に接して、同時代人として一種の責任感を抱いて生きることは、二十一世紀の人たちに求められていることです。この地球的な広がりを持った隣人愛がテゼの霊性であり、今後ますます世界に求められることではないでしょうか。神は人類をひとしく、仲間としてお造りになっているのですから。

Songs from Taizé 121

神をほめよ　おお　すくいの主を　おお
聖なるとわの愛　アレルヤ　アレルヤ

Wy-sla-wiaj-cia Pa-na, O o
Wy-sla-wiaj-cia Pa-na, O o
Spie-waj Pa-nu ca-la zie-mio,
al-le-lu-ja, al-le-lu-ja!

十三　音が外れてもいい

先日の集いに参加できなかったSさんからメールを頂き、集いで紹介しました。せっかくお誘いしていただいたのに都合で行けなくて申し訳ありませんでしたという書き出しで、二月にマニラで開かれた大会に参加したときのことを綴っておられました。

日本からは五十人ほどが参加し、彼女は大会の裏方として運営にも参加したそうで、他ではできない経験をたくさんしてこられたに違いありません。何しろテゼの大会は、外国や遠方から集まった人たちはほとんど皆ホームステイをするのですから、その手はずを整えるのに大きなエネルギーを要します。その上、テゼの集会に実際に触れたことがない人たちも参加するので大変です。それを裏方さんとして支えたのですから、将来日本で開かれれば、その経験を遺憾なく発揮なさるに違いありません。

テゼの大会に海外から来る人たちの中には、かなり前からやって来て、地方に出かけてその国のいろんな文化に触れたり、大会への参加を呼びかけたりします。彼女はそのような人たちをフィリピン各地の島々に送り出す仕事を引き受けたようでした。

彼女自身はマニラの最も貧しい地域で受け入れてもらい、数週間ホームステイをしたのです。最も貧しい地域というとスモーキー・マウンテンですが、地名は書いていませんでした。ただ、「すばらしい経験をして幸運でした」と書いて、次のようなすばらしい証しを書いておられました。

Sさんのホスト・ファミリーは子どもが十三人もいるご家庭。中には興行ビザで日本で働いていたという女性もあり、日本人男性との間で生まれた子どもも何人も見かけたそうです。日本人に対して複雑な思いを持つ方もいたでしょうに、「そんな中、決して豊かでない人々が、もっているわずかなものを分かち合ってもてなしてくださるとき、福音とはこうして人をもてなすことなのだなと気づかされ」たようです。

子どもとともに、朝の祈りを準備できたことも心に残ったそうです。その教会の人たちは、テゼの歌をよく知らないので困ったのですが、そんなところへ、集いのお手伝いができるSさんや、ギターを弾ける海外の参加者が集まったのです。

朝の祈りで歌や朗読をやってみない？と誘ったところ、子どもたちが協力してくれることになり、「子どもたちの方から歌を教えてほしいと言ってきてくれて、毎日練習することに」なり、決して歌に自信のある子どもばかりでなかったのに、「最後には、先唱やソロのパート、朗読、ギターなど、全部中高生の子どもたちの奉仕によってすることができた」のです。ここまで読んで思わず胸が熱くなりました。

Sさんは、「自分の力で歌おう、人に聞かせようと思うと緊張するけど、心が神さまに向いていると、不思議と緊張しないんだよ。これはコンサートではなくて、神さまにささげるお祈りだから、音が外れてもいいんだよ。心が神さまに向かっていることの方が大切なんだ。神さまは、完全ではない自分をさしだす謙虚な心に宿られるのだから……」というお話しをしたそうで、恐る恐る歌いながら、祈りをささげる子どもたちの様子に、「聖霊は、いまこの子どもたちの中で働いておられる」と感じたと書いておられました。

彼女が子どもたちにお話ししている情景がありありと目に浮かびます。なんてすばらしいお話でしょう。「これはコンサートではなくて、神さまにささげるお祈りだから、音が外れてもいいんだよ。心が神さまに向かっていることの方が大切なんだ。神さまは、完全ではない自分をさしだす謙虚な心に宿られるのだから……」の部分は、まさにテゼのスピリットです。子どもたちは目を輝かして彼女の話に聞き入り、心を熱くして大人に混じって参加したに違いありません。

こんなすてきなメールをくださってありがとう。どこにいても、あなたの行うすべての業がキリストによって祝福されますように。おやすみなさい。

Songs from Taizé 25

みさかえあれ いと高き神　栄光あれ
アレルヤ　アレルヤ

Glo-ri-a, glo-ri-a, in ex-cel-sis De-o!
Glo-ri-a, glo-ri-a, al-le-lu-ia, al-le-lu-ia!

十四　内面の羅針盤

ある日の板橋のテゼの祈りは、朝夜ともに次の言葉を祈りの中で味わいました。「夜が深まるとき、神の愛はかがり火になります。その時、灰に埋もれて真っ赤に燃えていた炭火が、炎になるのです。しかも、過ぎ去った日々の痛い茨のトゲが、炎をもっともっと赤くかき立てるのです。」

テゼの祈りの歌の半ばでこれらの言葉を耳にすると、不思議な深まりの中で、心にしみいります。同じ小鳥のさえずりを動物園で聞くのと、高原で聞くのとではまるで違うように、まったく別の色合いをもって聞こえてきます。恐らく、一日のきつい労働を終えて聞く人、神経のすり減る仕事場から解放されて聞く人、仕事を探しても見つからずにいる人、また育児に疲れてやっとたどりつき、夜の黙想の祈りの中で聞く人らでは、それぞれ違った音色で聞こえてくるかもしれません。その違いが楽しみです。

集まりがない日は、毎朝、昔ブラザー・ロジェがテゼの野に出て一人で祈っていたように、私もただ一人、神の前に出てテゼの歌を歌い、み言葉の糧をいただき、キリストに祈ります。

昨日の祈りの半ばに、スズメのさえずりが聞こえました。長く、高く、踊るような声で五分もさえずったでしょうか。なぜだったのか知りません。それから、いずこともなく去って行ったようです。

ふと、私の祈りに合わせて、♪すべての小鳥たち……♪、とさえずってくれたのかもしれないと思いました。実際はどうだったか知るよしもないのですが。

月に一度開かれる板橋大山教会の朝七時からのテゼの集まりのいいところは、小鳥の声がまま聞こえることです。シジュウガラの声が聞こえることもあります。テゼの丘の「和解の教会」では、季節によってはひんぱんに小鳥の声が外から聞こえます。初めてその声を聞いたのは、かれこれもう四十年も昔のこと。その教会の中では、世界から集まった若者たちの声が、まるで皆で作るミュージック・フェスティバルのように、時々高いソロの声もハモって響きました。そして外からは、テゼの長い沈黙の間中、小鳥が高いソロで長く楽しくさえずりました。

　黙して語らない小さい草花たちも、板橋の朝の祈りに加わります。花屋さんの整ったきれいな花ではなく、草花たちの沈黙の声はまた格別です。エジプトで発見された六世紀の「キリストとメナ師」のイコンの傍らにそっと生けられた道端の草花たち。彼らは**♪すべての花たちも……♪**、と歌われると、そっと顔を輝かせます。

　ある年の秋にテゼを訪ねました。聖書の学びを担当してくれたブラザー・ロブが、「私たちの内面の羅針盤は、いつも自動的に北を指していますか」と尋ねました。内面の羅針盤が北を、聖なる方を、神を指し続けていますかとの問いでした。神を指す指が多少曲がったり、ためらったりすることがあっても恐れないことです。神さまの方は絶えず私たちのところに来てくださっているのですから。

Songs from Taizé 143

パンを食べ　杯をうけ、私は満たされる。

パンをうけ　杯ほし、渇きは癒やされる。

Eat this bread, drink this cup, come to him and ne-ver be hun-gry.

Eat this bread, drink this cup, trust in him and you will not thirst.

十五　集いのプログラム（一例）

テゼの五色の鐘
・イエス　内なるひかり
Jesus le Christ, lumiere interieure,
ショートメッセージ
・われら　イエスを　仰ぎ見る
Oculi nostri ad Dominum Jesum,
・主のみ言葉は　闇を照らす光
C'est toi ma lam-pe, Sei-gneur.
・目覚めて　とどまれ、
Bleibet hier und wachet mit mir
旧約聖書　イザヤ60・1－2
・み子　キリスト、救いぬし
Christe Salvator, Filius Patris
新約聖書朗読　フィリピ4・6－7
――長い黙想と祈り
――Br.Roger の言葉から
・父よ　ゆだねます、わたしのすべて
Inmanus tuas, Pater
・聖なる霊よ　愛の火を
Veni Sancte Spiritus, tui amoris
・私のすべてを　知っておられる主よ
Vies-pa-tie, tu vis-ka zi-nai
・主に頼る人はさいわい
Bonum est confidere in Domino

Songs from Taizé

聖霊　来たれ、来たれ聖霊。

地のうえ新たに　変えたまえ　主よ

Przybądź, Duchu Boży, przybądź,

Duchu Święty i odnów oblicze

ziemi, odnów oblicze ziemi.

五章　テゼのスケッチ

Songs from Taizé 34
我らに　とどまれ　主イエス　キリスト
Ma-ne no-bis-cum,
Do-mi-ne Je-su Chris-te.

テゼのスケッチ

（一）

五月のフランスは、まだ寒くてオーバーが必要でしょう。十一月半ば以降になると、雨の日が多くなります。七、八月のテゼは青年たちが非常に多く、国籍も五十か国以上になり、いろいろな出会いが期待できます。冬のテゼは人が少ないので、関係が親密になり、たまに雪化粧もあって別の味があります。

成田からパリまで直行便で約十一時間。香港や韓国経由で十三、四時間です。直行便は割高ですが疲れは少ない。いずれにしてもパリのド・ゴール空港に着きます。

都合がいいのは、パリに朝六時までに着くこと。新幹線TGVやその後のバスの乗り継ぎが都合よくいくのでお勧めです。

空港の地下からRERのB線に乗車、三十分ほどでパリのど真ん中のChatelet-Les Halles駅下車。RERのD線に乗り換え、パリのリヨン駅Gare de Lyonで下車します。乗り換え時間を入れても小一時間です。この駅はパリのリヨン駅であって、これから乗る鉄道の先にリヨンという大きな町がありますが、そのリヨンとは別です。念のため。

Gare de Lyon駅からTGVという新幹線で約一時間半、マコン・ロッへTGV駅下車。田舎駅です。駅周辺には店も家もなく、売店は昼休みがあって閉まります。

なお、時間帯と切符の買い方で新幹線の料金が違います。乗れる保障がなく、延々並ぶこともあるので、やはりインターネット予約が無難。むろん駅で買うのも可。

在来線で行くこともできます。ただ相当時間がかかるので覚悟がいります。ディジョン駅まで新幹線に乗り、在来線に乗り換えてMacon Ville駅で降りる手もあります。三時間半ほどです。その場合も、同じパリのリヨン駅から乗車。ただ時間がかかり、料金も高め。唯一のメリットは、在来線なのでフランスの古都を通って行けることです。マコンの町はそれなりに風情があります。フランスの国鉄ストには要注意です。

駅からテゼまで、シャロン・スル・ソーヌ行き乗合バスでTGV駅を経由して四十五分、TGV駅からは三十五分でテゼです。昔は国道にバス停があり、そこから重い荷物を持って上るのは疲れましたが、今は共同体がある丘の上まで登ってくれます。

二十五歳のロジェが、自転車で初めてテゼ村に着いた一九四〇年には、今のバス道はなく、手前の急な坂道を登ったでしょう。当時、十軒ほどの村はさびれ、道に岩が露出していました。たった一軒残った農家の主婦との出会いがロジェの生涯を決定します。

ほぼ登り切った右手に、中世から続くロマネスク様式の教会があり、一一五六年の創建。内部はまったくの闇で、眼が慣れても人の姿は定かでありません。世界の涯《はて》からテゼ共同体に来て、この教会を中心に一週間を沈黙の中で過ごす青年らもあります。

（二）

六月半ばまではほぼヨーロッパ圏の人々です

が、夏の到来とともに、他のさまざまな大陸から若者たちが洪水のように訪れ、いよいよテゼの夏が始まります。六月下旬にもボリヴィア、韓国、ケニア、コスタリカ、香港、マダガスカルから到着する人たちがあったりしますが、週を経るごとに若者が増え、やがて五十か国以上のおびただしい数の青年が、日曜日から次の日曜日にかけて、テゼの丘に泊まって帰っていくのです。

七月に入ると、テゼの道端にキリギリスが鳴き始めて、日本の田舎を思い出させてくれます。夏の訪れを告げるもう一つのしるしは、定期長距離バスの到着。今ではヨーロッパ各地から定期的にやって来ます。ドーバー海峡を渡りイギリスから、ポーランドのワルシャワから、スウェーデンからなど。もちろんドイツからも来ますが、ドイツの場合は国内のあらゆる地域から長距離バスが到着します。フランス人は意外と少ないです。

この三十年ほどのテゼの丘の変化をたどるだけでも一つのエッセーが生まれるでしょう。毎年どこかで工事が行われていて、数年後に行くと別の所にテント・サイトや駐車場があったりします。やがて隣村まで、テゼの施設が続く日が来るかもしれません。その頃には、「和解の教会」の礼拝はどう変化しているでしょう。テゼは一つの形を固守することはなく、絶えずゆっくり変化しています。礼拝の仕方も、テゼの歌も、暫定的でゆっくり変化してきました。「地上における和解と信頼の巡礼」の旅も少しずつ変化しています。変化は、テゼが現代社会と対話しつつ生きている証拠です。そして変化は、いつもいい方向に向かって来ました。

『暫定的なものがもっているダイナミックな

力』。ブラザー・ロジェの初期の書名です。間に合わせでなく、地上には永遠なものはないからであり、イエスは死者の中からダイナミックに復活されたからです。また、聖霊は風のごとくどこから来てどこへ吹き、行く先を誰も知らず、ダイナミックに人と時代に働きかけ、新しい時代にふさわしく新しいものを創造していくからです。

（三）

バスでテゼに着き、重いスーツケースをバスのお腹から引っ張り出して、砂利道を右手に入ると目の前がカーサです。スペイン語で「家」の意味。日本から疲れて着いたあなたを、笑顔で歓迎してくれるテゼの受付です。メールで約束していた時間に着いたなら、スタッフたちがあなたを待っていて、「〇〇さんですね」と、まるで、以前からの友人であるかのような笑顔で迎えてくれるでしょう。半世紀ほど前に初めてテゼを訪ねた時、わたしは、心が熱くなるそんな歓迎を受けました。

食事代と宿泊料は自己申告。昔は完全に献金で、確か小型のワイン樽？に自由献金を入れた記憶があります。二〇二〇年は一泊三食、日本人青年は約千五百円、三十歳以上は約四千円。幅があって費用を選べますが、あなたの費用がお金を持たない貧しい国の来訪者を助けます。

テゼの受付である「カーサ」は一戸建ちで、ひさしの長い赤瓦の民家風の建物です。ハローと言ってドアを開けると、スペインの田舎の民家に入ったような錯覚に襲われますが、中には、にこやかな青年たちが何人もいて、繁忙期であっても冷たい飲み物を出して歓迎されます。日本人は珍しいですから、向こうから眼を見て親しげに「何々さんですね」と呼びかけられて飲み物を出されたりすると、長旅の疲れが急に取れます。受付スタッフの目は、もうすでににこやかな歓迎の目です。

「カーサ」の前には、「ラ・モラダ」と名付けられた、二階建ての簡素な住宅が建っています。以前は「ラ・モラダ」と言わず、見てのとおりの「イエロー・ハウス」と呼ばれていました。もっと前は「チィニャック」とかいうポーランド語の呼び名でした。確かクラクフにある修道院の名前を取ったとか。その名は呼びにくいので改められたのですが、「イエロー・ハウス」というのもいかにも味気ないので、またまた改名して、現在の「ラ・モラダ」になりました。これは「カーサ」と同じくスペイン語で、「住まい」を指します。ここが、ブラザーたちの住まいに続く出入り口になっているからでしょう。(1)

「ラ・モラダ」が開かれているときは、いつもブラザーやボランティアがいて、ブラザーとの連絡や待ち合わせに使われています。昔はiPhoneなどはなく、テゼで唯一、外界の情報が入って来る場所が「ラ・モラダ」でした。部屋の丸テーブルに、いろいろな国の最新の新聞が置かれて誰もが読めるようになっています。

この建物のレセプションの奥は幾つかの部屋に仕切られて、ブラザーとの個人的な面談やミーティングができる場所です。部屋から中庭に目をやると、落ち着いたガーデニングがされた美しい庭があり、飛び石伝いに小道がブラザーたちの住居に続いています。

「ラ・モラダ」のもう一つの役目は、入り口は別ですが、貴重品預かりです。テゼは安全な場所ですが、世界中からさまざまな人が次々とやって来ますから、パスポートやクレジット・カードや航空券、現金など貴重品を預けることができます。これらはすべて、各国から来て長期滞在している青年たちによって、責任を持って無料で運営されています。

テゼには誰でも行くことができます。三十五歳以下の青年たちが主であるとはいえ、季節によって四十～六十歳代の人の方が多い場合もあります。また最近は、年金暮らしの七十、八十歳代の元気な人たちも来ています。むろん車いすの人も。

大人たちだけでなく、最近では、子ども連れの家族が夏場に多く、隣村に、幼児から小、中学生までの一週間の国際夏季学校のようなプログラムを設け、国際色豊かで、言葉の通じない子どもたちが、不思議に仲のいい仲間になって遊んだり学んだりしています。

テゼに行く場合は、まずテゼのホームページから参加申し込みをします。宿泊は、テントを選ぶことも簡易宿舎を選ぶこともできます。簡易宿泊施設は、日本の「青少年の家」のような二段式ベッドの八人部屋になります。ドミトリーとか、バラックと言えばいいでしょうか、木造の簡易宿泊所の長屋が幾つも並んでいます。何しろ時期によっては、バックパック姿で全世界から来た五、六千人が宿泊しているのです。

八人部屋に、違う国の八人が泊まることもあり、驚くほど多様な多言語の世界を経験します。しかし話しをしてみると、それぞれ国も環境も違うのに、現代社会のほとんど同様の問題を抱えて来ていることに驚かされ、世界の狭さを思います。

日本からテントを持って行く人はまずいないで

しょうが、テゼが備え付けているテントを希望すれば、テゼの丘のすばらしい野外生活が待っています。

（四）

高齢の牧師や神父の場合は、希望すれば、「エル・アビオド（エラビオド）」に宿泊することが可能です。ここはブラザーたちの家族や関係者などが泊まりますが、女性の長期ボランティアも泊まっています。テゼで一番古い宿泊所は、この「エル・アビオド」で、建設は一九六五年にさかのぼります。二〇一七年に二階建てに改築され、温かいシャワーが勢いよく出る居心地いい宿泊所に変身しました。その前の時代は、何軒かある村の農家の人たちが、遠方から来た旅人たちを迎えていました。「エル・アビオド」。聞きなれない言葉です。これはアラビア語で「白」を意味します。「エル・アビオド」は、今も確かに白い建物です。この名はサハラ砂漠にある「イエスの小さい兄弟たち」の地名に由来するようです。百人を超えるブラザーたちはこのテゼ村で共同生活をしているだけでなく、世界各地の最も貧しい地や最も困難な国にも行って住んでいますが、サハラ砂漠以南の、世界の最貧国にも住んできました。ですから、「エル・アビオド」という名は、貧しい人たちとともにあろうとする、テゼ共同体の精神的な方向性を象徴しているのです。

テゼでは小難しい話はありません。楽しさがあふれ、笑いで満ち、それとともに、一人静かにこの丘にやって来て、一週間沈黙の生活を通す若者たちもいます。皆が単純に神との出会いを求め、外国の同世代や世代を越えた人たちとの深い出会いを求めて集まって来ます。そしてテゼで出会う人は、なぜか世代を越えて、何年も友達関係が続きます。場合によっては、日本人ともあまり交わさない話をメールで即時にやり取りして楽しんだり、スカイプで相手の顔を見ながら交流を続けたりしています。

テゼ共同体を訪ねる人たちは、一九六〇年代から徐々に増え始め、七〇年代になるとますます増えて、八〇年代に入ると急増します。そして八〇年代末には東欧諸国が崩壊し門戸を開き始めた結果、テゼと交わりが深かったこれらの国の青年たちがどっとテゼに来るようになり、現在も東欧の青年たちの大きな群れがテゼに着きます。

「エル・アビオド」の隣に建つ宿舎は、一九七〇年代に建設されはじめ、急増する訪問者たちのために増築されました。今では、「エル・アビオド」の両側や背後辺り、そしてソースに降りて行く道の右側に、宿舎村とでも呼べるほどたくさんの簡易宿泊施設が建てられ、さらに丘の西側斜面にも続々と建てられています。

「エル・アビオド」もこの簡易宿泊施設も、実にシンプルなベッド、手作りの木製衣類戸棚、そして小さな机があるだけで、日本人には暗すぎる電球が天井に灯《とも》り、暗い電気スタンドがあるだけです。しかし数日もすると、このシンプルな部屋は、いびきの他は実に居心地がよいことが分かります。数日前までの母国の生活はあまりにもモノがあふれていたことを思い出し、果たしてあの生活でよかったのだろうかと疑い始めるのです。

シンプルと言えば、三度の食事は実にシンプル。中でも、朝の食事は特にシンプルで、長さ二十センチ弱のバゲット・パン一本と小さな包装のバターとジャム。たまに一本の短いスティック・チョコレートがつく場合があります。それに水だけ。テゼのゴールデン・ルールはこのシンプルさです。驚くほどの簡素さを人づてに聞いて来た若者たちは、バックパックやスーツケースに食料を忍ばせてやってくるそうです。だが、これが二日もすれば健康に良いことを発見して、帰国すれば、ぜひこのような朝食をしようとひそかに決心します。が、その決心も果たして何日続いていることでしょう？

六月頃からの夏場に、この簡素な食事のおすそ分けをねらって集まるものがあります。何だと思います？　蜜蜂たちです。多い時には数匹が一人の人のまわりを飛び交って、一緒に食事にあずかっています。最初は気になりますが、これも数日もすると、誰もが蜂たちと友達になって食事が楽しくなるのですから、人間って不思議なものです。ただし刺された時は遠慮せず、「エル・アビオド」の医務室に行きましょう。

夏は来ませんが、冬場に集会のテントの中まで忍び込んで来るものがあります。何者でしょう？　おなかをすかした雀たち。彼らは、聖書のイントロダクションの間もテントの支柱に止まってチュンチュンさえずります。

食事に続いて欠かせないのはトイレ。トイレはラ・モラダの横に、「和解の教会」の近くに、炊事場（一日三食。夏場は四、五千人分、イースターには一万人分。繁忙期でなくても一千人分ほど作りますから、炊事場には業務用の大鍋が幾つもあります。繁忙期は「エル・アビオド」でもたくさんの食事が作られます。）の近くに、むろん宿泊施設にもあります。心配無用。ヨーロッパの町では心配でも、テゼではトイレの心配はいりません。

個室トイレに入って振り返って座ると、ドアに七か国語ほどで、汚物は便器に捨てず備え付けの容器にお入れくださいと書かれています。静かにトイレで座り、この表示板が目に入るたびに、私は、国際的な超教派の修道院テゼにいると、感慨を新たにします。日本語表示はまだありません。

トイレの水の流し方は特に言うほどではありませんが、上から伸びた長いひもを引っ張るタイプ、水タンクの横の金属弁を押すタイプ、またその水タンクの上の丸い弁を押すタイプなど、何十年にもわたって次々造られてきた宿泊施設ですからいろいろなタイプがそろっています。でもあなたはそれほど戸惑わないでしょう。

宿泊施設に付属するトイレの通路の前がシャワー室です。宿泊施設にあるシャワーは比較的気持ちいい温水が出てくれます。が、一斉に使う時間に入るとチョロチョロとしか出なかったり、なまぬるい水が出てきてあわてます。夏場はいいですが、三月下旬になる比較的早いイースターの年に、就寝前にシャワーを浴びに行ってその冷たさに参ってしまったことがあります。

古い「エル・アビオド」のシャワーはその典型でした。冬場でなくても、いや夏場であっても、ぶるぶる震えながらシャワーを浴びたことが何回もあります。が、改築ですっかり改善されたのです。

冬にシャワーを浴びる時は、サンダルで行くのがベスト。床は冷たいタイルですし、シャワーの個室は囲みのボードはあるものの密閉していません。溜まりの深さは十センチほど。浴びる前にこの凹《へこ》みに熱いお湯をためて、少しでも温めてから入るのがコツ。これだけでも温度が違います。

シャワーを浴びる前に、どこにタオルを置き、どこにシャツをかけ、どこにズボンをつるし、シャワーが終わればどういう向きでサンダルを履き、どう服を着るか。最後まで計算してシャワーを浴びると満足感が違います。考えないで入ると、あなたはびしょぬれで部屋に戻らなければならないかもしれません。

食事の準備と片付け、食器洗い、トイレとシャワー室の掃除は、テゼに来た人たちの一週間のルーチン・ワークの一つ。このルーチン・ワークがあちこちの大陸からやってきた皆と出会うチャンスになるのですから、ゆめ軽んずべからず、です。トイレの神は陽気な出会いの神様。

（五）

テゼの「和解の教会」の中はゆるい傾斜がついていますが、教会の中ごろにいる限りそんなに傾斜を感じさせません。しかし教会の最後部から前方を見ると、祭壇に向かってゆっくり傾斜しているのがはっきり分かります。床は、冬も冷たくない程度の薄いカーペットがコンクリートの上に敷き詰められています。

日本の教会のような長いベンチはありません。後方の壁際に、夕涼みの床几《しょうぎ》台のような数人掛けの長いすがところどころにあったり、個人用の座いすに座る人たちがいますが、ほぼ全員が床に座って祈りの時を過ごします。正座をしても胡坐《あぐら》をかいても、横座りでも自由です。壁にもたれている人は足を投げ出している人もありますし、車いすの人もあります。ブラザーたちはほとんど一人用の傾斜のついた低い木のいすに腰かけていますが、中には背もたれのあるいすにかけている老ブラザーもいます。床に寝そべるのはご法度。

教会に入って正面に目をやると、前方の全体は濃淡のある濃いオレンジ色に輝いて見えます。そのオレンジ色をよく見ると、ステージの上にオレンジ系統の四角い空洞のブロックが幾つも積み上げられ、一つ一つの中にキャンドルが灯され、オレンジ色の電球も幾つか灯されています。また前方の壁面にまるで船の帆のような長い三角形のオレンジの布が七張り天井から張られ、温かい雰囲気をかもし出しています。伝統的な教会の雰囲気ではありませんが、異教の雰囲気でもなく、むしろ誰にも親しみやすいモダンな温かい感じを与えています。（数年前からこのデザインがすっかり変えられ、テゼを訪れる多様な国々を表現するものになりました。）

テゼのどの建物も気取ったものや冷たい感じを受けるものはなく、オレンジ系の温かい色であるのが特徴です。祭壇を飾るこの濃いオレンジは一体何を意味しているのでしょうか。それは聖霊降臨の火の色だと言う人がいます。真っ赤な火でなく炎の色です。天井から張られた三角形の布はペンテコステの炎を表しているのでしょうか。しかし、その色はアジア的な修道院の色だと言う人もいるそうです。真っ赤な赤は少し黒ずんで見えるし、黄色は冷たさを持っていますが、濃いオレンジや琥珀色は心の温かさを持っているのでそれが使われているとも考えられます。

しかしこんな話も残っています。単純明快な答えです。「オレンジ色はブラザー・ロジェが一番好きな色でした。」確かにロジェの心の温かさは、濃淡をもったこのオレンジ色で最もよく表すことができるかもしれません。画一的なオレンジ色でなく、バリエーションを持ったオレンジ。それは彼の懐の深さを表しているかもしれません。

　テゼの鐘は、五色の音色の鐘です。高さ六メートルほどのログハウスのような木造の門の上に、簡単な屋根をふいた掘っ立て小屋のような二階屋を乗せ、その屋根の下に五つの鐘を吊るした簡単なものです。鐘楼の高さは十五メートルほどの小振りの建物。鐘は巨大でなく、高い音色で隣村や国道の辺りまで遠く軽やかによく鳴り渡ります。

　一日に三度のテゼの礼拝の始まりを、長くこの鐘が告げてきました。鳴り始めは大小の鐘が交互に呼応するように鳴って、そこに第三の鐘が加わり、やがて第四、第五の鐘も加わって複雑に美しく八分ほど鳴り響きます。むろん電気仕掛けですが粋なおもしろい仕掛けで、鐘の終わりはやがてだんだん小さくなって終わり、最後はちょっと間をおいて小さくカンと打ちたたいて終わるのです。この小さなカンが心に残ります。インターネットでこの鐘が聞けます。鐘の最後の一音が鳴ると、伸びやかなテノールで一人のブラザーの歌が始まり、楽器がそれに合わせて鳴り始め、礼拝開始です。

　テゼの礼拝がすばらしいのは、合唱団のような一糸乱れぬ一つになった歌声でなくて、ソロと会衆の声が少しずれるところにあり、前方と後方の声とでも少しずれて、そのタイムラグが幾層もある厚い響きとなって響き渡るところにあります。洗練された声楽家の声より、もっと生活に近い、生きた普段着の人の声です。その声には生活と信仰が吹き込まれていて、神にささげられた声です。これは録音されてＣＤで買うことができますし、毎週インターネットで配信されています。

朝の祈りは四十五分ほど続きますが、昼はあっさりしています。だが夜の祈りは一時間近くの礼拝。何回も書きますが、テゼの礼拝の特徴は途中で十分ほどの長い沈黙があることでしょう。週の初めごろは、初めてテゼの祈りに参加する人は長い沈黙に慣れておらず、あちこちでガサガサ音が聞こえることがあります。しかし水曜日、木曜日になると、四、五千人が集う礼拝であっても水を打ったような静けさになり、風邪の時期でなければ咳払いさえ聞こえないほどの集中です。そのあまりの静けさに心が熱くなると語る者さえあります。

テゼの礼拝でもう一つの驚きは、聖書朗読台がブラザーたちの最後尾にあり、朗読するブラザーがその背後の参加者たちに向かって、いや、世界に向かって読まれることとです。しかもこの時、ブラザーたちと会衆は皆、聖書朗読者の方に向いて座り直して聞くのです。み言葉が語られるところに神がいまし、その神に身を向けて聴くと物語っているかのようです。ここにテゼ独特の柔らかな、独創的な、典礼の神学があります。

聖書はフランス語、英語で読まれ、その中心聖句だけですが、ドイツ語、イタリア語、スペイン語、ポルトガル語、ロシア語など幾つもの言語でも読まれます。それらの言葉は、教会に入る時に受け取る印刷されたプリントで分かります。韓国語、中国語、日本語が混ざることもあります。

テゼの礼拝には説教はありません。聖書のみ言葉を聞いてそれを黙想するのです。押しつけがなく、誰もが自由にそこからメッセージを聞き取り、またメッセージを聞き取れない日があっても、それでもいい。神に委ねるのです。メッセージが聞き取れなくても、神がおられるということは何ら変わりないのですから。この後、ブラザー・アロイスの短い祈りがあります。

テゼの礼拝の特徴は、ブラザーたちと参加者全員で礼拝を作りあげるすばらしいものです。この礼拝を日本の教会に輸入しようとしても恐らくできないでしょう。まねようとしても無理があります。会衆と共同体に献身したブラザーとがあって初めて作り出せるものです。

（六）

テゼで一番充実した楽しい時間は、私には、毎日同じブラザーによる聖書の講解とグループによる分かち合いの時間でした。講解は同時にあちこちの場所で行われています。この時間は何度経験しても飽きることはありません。むろん、「和解の教会」で数千人と持つ歌による祈りの時間は特別なものがありますが、ブラザーによるこの聖書の説き明かしと、その後十人ほどに分かれて持つ分かち合いの時間はテゼでしか味わえないものの一つです。

朝食が終わって短いインターバルの後、十時前にはブラザーがサンダル履きのラフな姿でやって来て、十時になるとテント内に集まった人たちに、たとえば山上の説教からとか旧約の創世記からとか、月曜日から金曜日まで小一時間マイクを使って解説するのです。いずれのブラザーも場を踏んでいるせいか、集まった人たちの共通経験をうまく譬《たと》えに盛り込んで分かりやすく話します。あちこちでワッと笑いが起こります。

テゼ共同体は聖書の講解に力を傾注しています。人々に、特に次の世界を担う若者たちに聖書を読んでもらいたいのです。見方によれば、テゼの一週間は〝楽しい〟聖書三昧の日々です。何十年も、毎月短い聖書コメンタリーを出してきたことからも分かります。彼らは若者の聖書離れを知っていますが、聖書には今も世界と人間を変革する力があることを知っているのです。

集まった人たちは多国籍の人たちです。成人グループでも、多い時には十か国ほどの人が集まっていますし、月曜日にそうであっても翌日にはもう数か国が加わり、その翌日は……というふうですから、毎日、皆が集まったところで顔ぶれを見て通訳者を募り、その言語が分かる人たちがその通訳者のまわりに集まって、通訳によって説き明かしを聞くことになります。それは実に臨機応変。ブラザーが英語でしゃべった後、ドイツ語、スペイン語、ポルトガル語、フランス語、ロシア語、ハンガリー語、イタリア語などさまざまな言語で通訳されています。しかしブラザーは数か国語を話しますから、ブラザー自身が英語の後ドイツ語でもしゃべって、その後に通訳者たちが話すこともあるという具合です。大きな集団がある場合には、その通訳者たちにもマイクで通訳してもらいます。

ブラザーの話は具体的で実におもしろく、その箇所のメッセージが明快で、短いセンテンスで小気味よく進んでいきます。

ブラザーの説き明かしに質問がある人は、終わると前に行って尋ねています。ただ、ブラザーは話の終わりに幾つかの質問を出し、その質問をその後の小グループの分かち合いで話し合うことになっていますから、ブラザーに尋ねるよりも自分たちがどんなことを話し合えばいいのかで頭がいっぱいです。

ブラザーからの質問と言っても、小グループの分かち合いがうまくいくように工夫された質問で、最初はそれをめぐって話されますが、しばしばそこから脱線して、自分の国の問題や職場や家庭の経験を話したりしながら、またブラザーの質問に戻って話が進んだりします。その間に小グループは家族のように知り合い、打ち解けていきます。何しろ月曜から金曜日まで、十、二十の小グループができて、同じグループで聖書をめぐっておしゃべりに興じるのです。場合によっては「オヤク」に場所を移してお茶を飲みながら、時間によっては丸テーブルを囲んでワインを立ち飲みしながらワイワイ打ち興じるのですから。青空パブですね。

オヤクではジュースやワインなどを低価格で販売しています。何しろ売り子は皆、ここに来ているボランティアたちですから人件費がかからないのです。

このシェアリングで一番印象的なのは、皆が実に忍耐強い、よい聞き手であることです。日本人の発言は珍しいからか、しっかりよく聞いてくれるのには驚きます。また、今日では地球上のあらゆる地域の問題は非常に類似していて、同時進行していることにも驚きます。ですから、国や制度や習慣は違っても、必ず具体的にかみ合う発言の機会があり、興味を示して乗って来ます。

おかげでテゼで友達になった人たちとは、帰国後もずっと交流が続く場合が多いようです。互いに大陸を越えて訪ね合ったり、社会の問題や教会の問題、家族のことなどを話し合ったりしていくことがしばしばです。

私たちもそんな友人を与えられて、ドイツ人、イタリア人、イギリス人などと訪問し合っています。中には、ポーランドに始まり、氷点下四〇度のシベリア、四十数度の炎天のインド、ヨルダンなどを転々として、やっとオーストラリアに落ち着いて学校生活をしたという驚くほど長い難民経験者もあり、彼女から引退後に著した分厚い自伝を頂いて、初めて世界の問題の深刻さを知らされました。長く十年余も続く彼らとの交流は、遠く離れて同時代を生きる者たちのまたとない慰め、驚き、また喜びになっています。

ですから、テゼ共同体はテゼの場所を越えて、そこで出会った人たちがさらに大きな世界を包む共同体をつくっていると言っても過言ではないのです。

(七)

テゼのブラザーたちは一切外部からの献金を受け取りません。個人としても共同体としても、です。たとえ肉親の遺産であっても受け取らないのです。(1) ブラザーは現在百数十人いますが、自分たちで得た収入だけで生活しています。

ブラザーには建築家がいたり、医者、農業者、音楽家、陶芸家、写真家、神学者、歴史家など、いろいろな専門家がいます。かつては、この地域一帯の酪農家たちの協同組合を立ち上げ、大企業の原乳買い叩きに抵抗したこともありました。(2)

「和解の教会」の北隣に、舗道を挟んで木造の平屋があります。これはブラザーたちが制作したペンダントや陶器類、絵葉書やイコン、そしてテゼの書物などを展示即売している「エクスポジション」です。売り子さんは、テゼの働きに共鳴してこの丘に移り住んだベルギーのシスターたち。

建物の内部は落ち着いた照明の下に、いろいろなコーナーがあります。テゼの書籍はほぼ十か国語の翻訳があるので言語ごとのコーナーになっています。またテゼの歌集や伴奏集もうず高く平積みされています。その近くの壁沿いのコーナーには、テゼを撮ったさまざまな絵葉書が展示されています。別のコーナーには、テゼの有名なハトのペンダントや最近は聖書に由来するさまざまな形のペンダント類が展示されています。また別のコーナーに移ると、すっかり有名になった「キリストとメナ師」のイコンを始め、テゼで飾られているイコンが何種類か展示されて購入できます。近年、陶器類のコーナーが充実しています。日本では陶器は珍しくありませんが、ヨーロッパ人には珍しいらしく、重い陶器を幾つも買っていく人たちがいます。自家用車で来ているのでしょう。陶器を部屋に飾ると暮らしが高貴なものになると考えているようです。テゼの音楽のCD、テゼを紹介するDVD、ビデオも売られています。

テゼ土産に一番珍重されるのはやはりハトのペンダント、「ダブ・クロス」です。以前は七宝焼きのものがほとんどでしたが、最近はメタルのもあります。まずは自分への記念のために買うのをお勧めします。このマークは一九七〇年ごろに初めて制作されたのですが、一九八〇年の初期にはまだテゼのブラザーたちさえ、これをテゼのシンボルとは考えていませんでした。しかし、やがて世界が認めるテゼのシンボルになっていきました。

これはハトの姿をした十字架で、これまでどこにもなかった独創的なデザインです。ハトは聖書では平和の象徴ですが、今では、世界的に平和のシンボルになっています。このペンダントを身に付けるだけで、キリストの平和が心に訪れるような心地よさが伴います。また、これを身に付けて人に会う時、「私の心に平和をいただいています。あなたにも平和が訪れますように」という思いで話しかけたくなります。

このデザインは十字架も暗示しています。それで首に掛けると、主は私のために死なれた。あなたにも主の十字架の愛が届けられていますと、沈黙の中で語ります。

（八）

テゼ共同体は不思議な共同体です。現在テゼの丘に建つ「和解の教会」は一九六二年に建設されました。この教会はテゼが計画したり、募金したり、資金を積み立てて造ったのではありません。まったく無から生まれたのが「和解の教会」です。それまで借用していた十二世紀頃に建った村の教会が手狭になり、少し大きな教会堂があればいいとは考えていたし、その頃ブラザーになっていた一人の青年はかつて大学で建築を修めていたので、将来的にテゼの教会を建てることができればいいとは考えていましたが、この貧しい共同体にそれができるほどの資金はありませんでした。

ところが、ある日ドイツの一団体から、テゼに大きな教会を建設させていただきたいという申し出があったのです。建築に必要な労力も資金も負担しますというのですから驚きです。寝耳に水とはこういうことでしょう。これは「和解（贖罪）のしるしAktion Suhnezeihen」と名乗る団体で、ナチスによる侵略の戦争責任を覚えて活動していました。一九五八年にドイツのロッター・クレイシッヒが始めた、キリスト教を母体とした運動で、戦時中に自分らが破壊した国々に病院や学校や教会を建てて謝罪をしている人たちでした。

　テゼのブラザー・ロジェは、戦中、リヨンの地下組織と密接に連絡を取り合い、政治犯やユダヤ人を数多くかくまい、近隣諸国への逃亡を助けました。また戦後になると、こんどは近くにできたドイツ人捕虜収容所に入れられたドイツ兵たちを慰問したり、共同体の礼拝に招いたりして、互いの敵意を超える和解の働きをしてきたのをこの団体は聞き知っていたのです。その上、戦後のテゼ共同体は、食糧難にもかかわらず、フランスの戦災孤児たちを引きとって育てていることも知っていたかもしれません。

　いずれにせよ、この団体はドイツの青年たちの建築ボランティア活動を伴ったもので、キリスト教に基づいた彼らの働きは希望と和解のしるしをテゼの地に打ち建てたのです。また、建設に加わった青年たちはその日の労働が終わると、ブラザーたちの夕べの祈りに加わったのです。

　こうしてテゼの丘に、大きな「和解の教会」が姿を現すことになりました。しかし、「和解の教会」はこれで建設が完了したのではありません。現在のような後部に木造のネギ坊主の屋根を持つ教会になるには、一三四ページにあるような、さらに新しい思いがけないことが待っていました。

（1）J. B. Santos; A Community called Taizé 2008.

（2）J.L. Gonzalez Balado *The story of Taizé* 1980. p.42.

Songs from Taizé 124

わが助けは来る　主から　わが神から

わが救いは　天地の　創造の神から

L'a-ju-da em vin-dra del Se-nyor,

del Se-nyor, el nos-tre Deu, Que ha fet el cel

i la ter ra el cel i la ter-ra.

・テゼのサイトと日本の集会はこちら。

https://www.taize.fr/en

http://mokusoutoinori.cocolog-nifty.com/

・Song from Taize の音源は次のサイト参照。

https://www.taize.fr/en_article10308.html

・テゼに集まる若者たちの映像はこちら。

http://www.dailymotion.com/video/xtbdj_taize-1-2_shortfilms

http://www.dailymotion.com/video/x4s799_y-diosy_people

http://www.dailymotion.com/video/x3yu30_une-halte-a-taize

http://www.dailymotion.com/video/x7vo27_rencontre-taize-bruxelles-29-dec_news

http://www.dailymotion.com/video/x7fq4v_rencontres-de-taize-le-7-decembre-2_travel

http://www.dailymotion.com/video/x6o90k_taize_news

あとがき

（一）

テゼ共同体創始者のブラザー・ロジェは、彼がプロテスタントの牧師でもあり、初期には「共同体」や「修道院」に対するプロテスタント教会が持つ毛嫌いからか、ロジェ自身が誤解を受けることも多々ありましたが、[1]それを乗り越え、やがてプロテスタント教会からの理解度も格段に深まり、さまざまな教派の人らがブラザーに加わり、やがてカトリックの人たちもブラザーとなり、超教派の多様な国籍の人たちの共同体になりました。テゼを訪れる人たちもカトリック、プロテステント諸教派だけでなく、今はギリシャおよびロシア正教会、コプト教会、また、まだ信仰を持たない人たちもあります。また夏の期間、ユダヤ教やイスラム教の人たちとの対話も開かれています。

ロジェが亡くなる十年ほど前から後継者に指名されていたブラザー・アロイスが院長になり、軸足の微妙な変化を感じないわけではありませんが、和解と信頼を願うテゼの歩みは安定してロジェ時代を越えて着実に世界に広がりつつあります。

テゼは、青年たちを集めて既成教会の他に何か新しい組織や団体を作ろうというのではありません。むしろ、青年たちが、彼らの地元の各個教会で活発に活動できるようにとりなし、骨折っているのです。

テゼは草の根で労苦する人らとともにあろうとしていますが、地球大に広がる全体教会の和解と一致を目指すために、不可避的に大教派との関係が目に入ります。アロイス院長が行った宗教改革五〇〇年の呼びかけの線はそれでいいか、すべての教派は考える余地があります。これはロジェがかつて語った提案でもありますが、書きにくいこととは言え、ロジェとアロイスの発言では微妙な違いが生まれてきます。

私見を述べれば、テゼはできるだけ小さく、できるだけ力を内に秘めていてほしい思いがします。から し種のように小さくても、くみ尽くせない泉がコンコンと湧く共同体であり続け、疲れた人がこの小さな泉に来てしばらく休み、また旅を続ける、スピリチュアルな休息場所であり続けてほしいと願っています。

（二）

二〇〇七年から、板橋でテゼの歌を使った小さな「黙想の集い」を行いました。月に二度、朝七時十五分からと夜七時からで、同時に「テゼの泉」と題してブログを気楽に書いてきました。集いで考えたことやテゼのサイトに載ったものを訳して気軽に紹介するもので、これを本にするつもりはありませんでしたが、隠退が近づきブログを閉じるつもりで見直したところ、こういう視点で書かれたものは希少だと気づいたのです。ただブログの性格上、ダブルところが多少あります。また、ロジェの黙想風の小著『愛に向かって生きる Living for Love. 2010』を収録するつもりでしたが、性格も違うので別の機会に譲りました。

テゼ共同体は日本のマスコミに上りません。ただロジェと共同体の歩みを知るなら、若者を中心とする多くの人たちへのスピリチュアルな影響、EU形成と発展への貢献は多大なものがあります。EUの形は変化しても、今後もヨーロッパの魂、エートスの部分にテゼは貢献し続けるでしょう。ロジェの突然の死で欧米世界に衝撃が走りましたが、足跡をたどると、あの不慮の死さえなければ、マザー・テレサの後、ノーベル平和賞を受ける人であったに違いありません。

何もかもが世界的レベルで動き、ますます忙しくなる時代です。若者も成人もどう生きればいいかを模索していますし、これを書いている時点で、中国の武漢で始まった新型コロナウイルスが世界的大流行になり、コロナ後の世界は、もう一度世界の在り方と個々人の生き方を根本から見直す時代に必ずなるでしょう。テゼはそれをゆっくり考えることができる黙想の場です。特に青年たちにそういう出会いが待っています。

（三）

テゼ共同体に妻と数多く参加し、ブラザーたちと参加者たちから学びました。出典は省略しますが心から感謝します。文中のテゼの歌は、すでに出版されているものは省き、板橋の集いのためにSongs from Taizé から著者が訳し、実際に十年ほど使ったものを掲載しました。番号は二〇一六～二〇一七年版で記載。多いのでかなり割愛しました。

拙い原稿をお読みくださり、お忙しい中でアドバイスをくださり、「推薦のことば」までお書きくださった九十二歳の恩師、青山学院大学名誉教授関田寛雄牧師、また京都精子さんにお世話になりました。ありがとうございました。

最後に、何よりもこのような愚かな者をご寛恕くださり、板橋の集いのためにも長年お支えくださった板橋大山教会の皆さまに心から感謝いたします。

また、読者の皆さまには本書のご感想、ご提案などを、ぜひお聞かせください。時間のゆるす限り著者からお返事をいたします。

二〇二〇年　パンデミックの夏に

上垣　勝

（1）J.L. Gonzalez Balado *The story of Taizé* ff.27.

Songs from Taizé 149

いかなるものも　遥かにこえた主
生けるものすべては　あなたを切に慕う
O toi, jau-de-la de tout quell es-prit peut te sal-sir ? Tous lese-tres te ce-le-brent le de-sir de tous a-spi-re vers toi.

Songs from Taizé 66

神をほめよう　造りぬし　救いぬし
ただ憐れみによって救われる×２
Lau-de-mus De um qui nos cre-a-vit, re-de-mit,
et su-a so-la mi-se-ri-cor-di-a sal-va-bit ×2.

参考文献

Brother Roger of Taizé.

・Festival. Taizé.
・The Source of Taizé. Continuum
・God is love alone. Continuum
・A Path of Hope. Continuum
・Brother Roger of Taizé. Essential Writings. Maryknoll
・Choose to Love. Brother Roger of Taizé. 1915-2005. Les Presses de Taizé.
・Brother Roger of Taizé. 1915-2005. Living for Love. Selected Text. Les Presses de Taizé
・Parable of Community. 1984
・Peace of Heart in all things. 1996
・Prayer for Each Day. 2003
・15 days of prayer with Brother Roger of Taize. 2008

その他の参考書など

・Our Faith. Max Turian Les presses de Taize
・The story of Taize. J. L.. Gonzalez Balado. Continuum
・Taize, A meaning to Life. Olivier Clement. GIA Publications, Inc.
・The Universal Heart. The life and vision of Brother Roger of Taize. Kathryn Spink SCPK.
・A community called Taize. Jason Brian Santos InterVarsity Press.

著者紹介

上垣　勝（うえがき　まさる）

略歴
1942年生、大阪府出身。
製鉄会社を経て献身。
日本キリスト教団牧師、教誨師、幼稚園理事長。
福岡、青森、福井、東京の教会で47年間伝道牧会。
2020年3月　引退。
現在　板橋区在住。

テゼ共同体《きょうどうたい》と出会《であ》って
—— 闇の中に、消えぬ火かがやく ——

著　者——上垣　勝

発行所——サンパウロ

〒160−0011　東京都新宿区若葉1−16−12
宣教推進部（版元）Tel. (03) 3359−0451　Fax. (03) 3351−9534
宣教企画編集部　Tel. (03) 3357−6498　Fax. (03) 3357−6408

印刷所——日本ハイコム㈱

2020年11月27日　初版発行

ISBN978-4-8056-6006-5　C0016（日キ販）